P. SAINTYVES

RONDES ENFANTINES
ET
Quêtes Saisonnières

Les Liturgies populaires

*Sans l'amour du passé tu ne saurais
comprendre le présent, encores
moins préparer l'avenir*

PARIS

EDITION DU LIVRE MENSUEL

59, Boulevard des Batignolles

MCMXIX

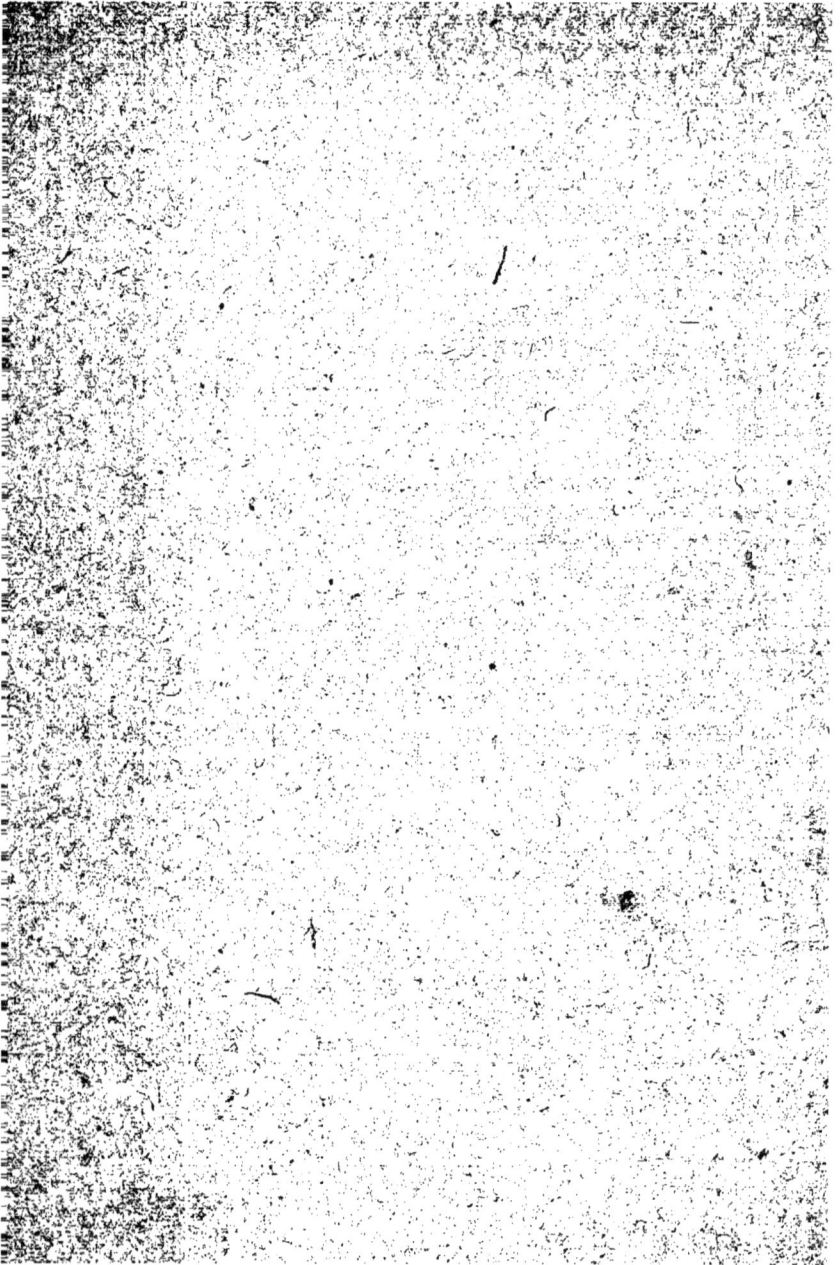

Sans l'amour du passé tu ne saurais comprendre le présent, encore moins préparer l'avenir.

Les Liturgies
populaires

DU MÊME AUTEUR

P. SAINTYVES

RONDES ENFANTINES
ET
Quêtes Saisonnières

—o—

Les Liturgies populaires

Sans l'amour du passé tu ne saurais
comprendre le présent, encore
moins préparer l'avenir.

PARIS

ÉDITION DU LIVRE MENSUEL
59, Boulevard des Batignolles
MCMXIX

CHAPITRE Ier

Nos rondes enfantines ont-elles une origine rituelle ?

Le mot *ronde* désigne à la fois une danse en forme de cercle et une chanson à danser en rond. De même que dans les pays romans, *ballade* signifiait une sorte de danse et la chanson qui l'accompagnait ; de même, le mot *chora,* chez les Roumains, désigne à la fois les rondes et les chants qu'on y répète. Dans l'ancienne Germanie, le mot *leich* (gothique *laïken*) avait non seulement les deux sens de ronde (*laiks*) et de chant (vieux haut allemand, *leich*), mais, en outre, celui de victime ou de sacrifice (anglo-saxon *lâc*). La plupart des vieilles rondes populaires ont une origine rituelle ; leurs chants sont des *incan- tations* au pouvoir magique, la danse en rond est une cérémonie de *circum- ambulation*, un encerclement, ainsi que le dit si bien le mot anglais qui désigne la ronde : *circling*, mais un encerclement mystique. Les rondes sont éminemment des créations du vieil esprit magico-religieux.

L'église fut la grande ennemie de la danse, non pas seulement comme pourraient le faire croire certains moralistes pieux ou certains sermonnaires, parce qu'elle était une occasion de

licence, mais parce qu'elle se liait
le plus souvent à de vieilles pratiques
païennes qui prolongeaient elles-mê-
mes d'immémoriales coutumes.

Dans la paroisse de Buryan (Cornouaille anglaise) se voit le célèbre
cromlech de Dawns Myin, les *Joyeuses
filles*, qui, à l'origine, se composait de
quatre-vingt-dix pierres. D'après la
tradition, c'était quatre-vingt-dix jeunes
filles qui furent changées en pierre,
parce qu'elles avaient commis le péché
de danser un dimanche. Deux menhirs
du voisinage sont les *joueurs de corne-
muse* qui éprouvèrent le même sort.
Les *demoiselles de Langen* désignent
un cromlech de la commune de ce nom.
Elles furent également changées en
pierre pour s'être rendues à la danse
au lieu d'assister aux offices du dimanche. Ces traditions légendaires, d'origine chrétienne, attestent clairement

que les anciens Bretons de France ou
d'Angleterre dansaient des rondes autour des monuments préhistoriques,
menhirs ou cromlechs.

Le culte des pierres, des sources et
des fleuves des arbres et des bois,
qui s'efforçait de canaliser les secrètes
énergies de la nature ou d'orienter ses
forces invisibles au profit de l'homme,
remonte à de très lointains millénaires
et ne semble pas encore sur le point de
disparaître. Synodes et conciles n'ont
cessé de le proscrire. En 443, le second
synode d'Arles s'exprime en ces ter-
mes : « Un évêque ne doit pas permettre
que, dans son diocèse, les incroyants
allument des torches ou bien vénèrent
les arbres, les fontaines et les rochers.
S'il néglige de détruire ces habitudes,
il s'est rendu coupable de sacrilège.
Le maître de l'endroit où se commettent
de telles choses doit être excommunié.»

(Canon XXIII). De même, en 693, le concile de Tolède déclare : « Les évêques, les prêtres et les juges doivent s'efforcer de détruire les restes du paganisme, consistant à vénérer les pierres, les arbres, les sources, à *allumer des torches*, à faire des sortilèges, à exercer la magie, etc. Quant à ceux qui s'adonnent à de telles superstitions et ne s'amendent pas, ils devront, si ce sont des personnages de distinction, payer trois livres d'or et, s'ils ne sont pas d'un rang élevé, on leur infligera cent coups de bâton. » (Canon II). Le concile d'Aix-la-Chapelle, en 789, s'exprime de même, mais avec une brièveté qui sent l'irritation : « On doit aussi en finir avec cet abus *d'allumer des flambeaux* auprès des arbres, auprès des rochers ou auprès des sources. » (Canon LXIV).

*
* *

Mais, ce culte proscrit comportait-il
des danses ? Il n'est guère possible
d'en douter. Au milieu de la nuit, ou
dès l'aube naissante, on dansait à torches allumées autour des lieux sacrés.
Des rondes de ce genre ont survécu au
jour des Brandons et de la Saint-Jean.

« Hésiode, s'il faut en croire Lucien,
avait vu lui-même les muses danser au
lever de l'aurore, et le principal éloge
qu'il leur donne au début de son
poème, c'est que leurs pieds délicats
foulent, en cadence, les bords de la
fontaine aux eaux violettes et qu'elles
dansent en chœur autour de l'autel de
leur père. » Et c'est, tandis qu'il gar-
dait ses troupeaux, que les Muses se
sont approchées d'Hésiode et lui ont
enseigné, sur *le chêne et sur la pierre*,
leur chant en l'honneur des dieux. Les

hymnes sacrés se dansaient autour des
autels d'Aphrodite, de Dionysos et
d'Hélios et les rondes saintes accompagnaient les sacrifices.

Ce qui était vrai des anciens Grecs
l'était encore des Hongrois de l'an
mille. « Quiconque offre à la manière
païenne des sacrifices auprès des fontaines, des arbres, des sources, sera
puni » ; ainsi s'exprime, en 1092, le
synode de Szaboles, en son canon XXII.
Les fêtes de village qui se sont perpé-
tuées jusqu'à nos jours étaient essentiellement à l'origine des cérémonies
pour les récoltes : on y sacrifiait des
animaux et, parfois, des hommes ; et
les danses, spécialement les rondes, y
tenaient une place d'honneur. Les
sacrifices d'êtres vivants sont aujour-
d'hui abolis, les rondes s'en vont, cependant le bal survit et l'on y tourne
encore en rond.

Ces réunions païennes se prolongè-
rent beaucoup plus tard qu'on ne
l'imagine. soit auprès des pierres, soit
auprès des sources. L'Eglise les traita
d'assemblées diaboliques. Les cérémonies qu'on y accomplissait pour les
biens de la terre devinrent, à ses yeux,
des œuvres de magiciens et de sorciers.
Les procès de sorcellerie, qui rempli-
rent les XVIᵉ et XVIIᵉ siècles et pro-
voquèrent de véritables épidémies dé-
moniaques visaient principalement la
destruction des dernières assemblées
païennes.

Le sabbat, chose remarquable, se
tenait parfois auprès de quelque énorme rocher, souvent sous un arbre
maudit, chêne ou noyer, mais surtout
au bord des eaux, sur les rives d'un
étang, au fond d'un bois. Il est bien
difficile, en lisant maint procès de
sorcellerie, et malgré les déformations

obligées de ne pas songer aux liturgies
païennes.

Dans le Bocage normand, non loin
de la Chapelle au Cor nud, on rencon-
tre, au hameau du Hamel-Auvray, une
grande quantité de pierres druidiques
allignées en allées. « Dans leur ensemble, au nombre d'une vingtaine, environ, elles circonscrivent un terrain qu:
affecte sensiblement la forme elliptique.
Et, dans la partie la plus vaste de l'el-
lipse, trois autres pierres apparaissent
isolées, symétriquement distancées en-
tre-elles, et entre les autres d'alentour.
qui forment allées autour d'elles. »

La légende créée par l'Eglise n'a pas
conservé le souvenir du culte païen ;
mais elle atteste que ce lieu était hanté
par des sorciers métamorphosés en
chats ou en oiseaux de nuit. Elle parle
cependant de la ponctuelle observance
du rite. On y pratiquait les rondes du
sabbat.

Les fées ont longtemps dansé en
chœur autour des sources et les filles
autour des fontaines. On chante encore
dans l'Argyleshire (Angleterre) :

Eau, eau : giroflée qui croît si haut,
Nous sommes toutes des jeunes filles, nous de-
[vons toutes mourir,
Excepté Maggie Brown ; elle est la plus jeune
[de nous toutes :
Elle peut danser, elle peut chanter et tenir le
[flambeau,
Tandis que nous menons la ronde.
Fie, fie, fie, ayez honte,
Tournez le dos à la muraille de nouveau.

Cette incantation n'est plus, aujour-
d'hui, qu'une ronde populaire ; mais,
au milieu du XIXᵉ siècle, dans le
Perthshire, les jeunes filles qui arri-
vaient ensemble à la fontaine pour tirer
de l'eau formaient une ronde et, après

que la première avait rempli son seau,
elles chantaient précisément cette variante :

Eau, eau, welsey,
S'élevant si haut,
Nous sommes toutes des jeunes filles
Nous devons toutes mourir.
Spécialement Annie Anderson.
Elle est la plus belle fleur,
Elle dansera, elle chantera
Dans la charmille d'eau douce
Tournez le dos au mur de nouveau.

Les filles ont toujours eu un rôle pré-
pondérant dans la ronde, sans doute en
souvenir du rôle des muses, des nym-
phes et des dryades, dans les cultes
païens.

En France, les rondes auprès de
l'eau sont souvent associées aux ponts.
Ces rondes, qui accompagnaient jadis
le jet de quelque poupée dans la rivière

ou dans le fleuve, ont, depuis lors, perdu tout leur ancien caractère et, sous leur forme moralisée, il est bien difficile d'y reconnaître un chant cérémonial :

LE PONT DE LONDRES

OU LE PONT DE L'OMBRE

(Ronde Champenoise)

Sur le pont d' Londr' un bal y est donné
Aline demande à sa mère y aller
— Oh ! non, ma fille, au bal vous n'irez pas :
J'ai fait un songe que vous serez noyée,
Son frère arrive dans un bateau doré,
— Ma sœur, ma sœur, qu'avez-vous à pleur r ?
—Ma mère n' veut pas que j'ai'le au bal danser.
— Mets ta robe blanche et ta ceinture dorée. —
Les cloches de Londr' se mirent toutes à sonner,
Sa mère demande pourquoi les cloches son-
[naient.
« Votre fille Aline est morte et enterrée,
Voilà le sort des enfants obstinés.

Ici, toutes les jeunes filles se lâchent
et battent des mains en répétant :

Voilà le sort des enfants obstinés.

Noûs aurons à revenir sur cette ronde énigmatique et à en montrer les
liens rituels. En attendant la restitution
plus ou moins hypothétique de ces
liturgies qui engendrèrent les rondes et ne survivent qu'en elles, nous
pouvons déjà entrevoir toute une émou-
vante histoire, où les croyances et les
coutumes se perdent dans une évocation brumeuse au bord des eaux som-
bres des deux Cornouailles ou des eaux
violettes du Parnasse et de l'Hélicon.
Brumes noires ou vapeurs dorées, aux
sabbats des sorciers ou dans les bac-
chanales des satyres aux pieds de
chèvres, on a dansé et chanté pour
obtenir les biens de la terre, pour que
tombe la pluie fécondante et luise le

soleil qui fait mûrir les fruits. Mais
nos ancêtres du Moyen-Age et les anciens Grecs eux-mêmes prolongeaient
une vieille tradition que le vent redit
le soir aux poètes qui s'attardent dans
la lande où les cromlechs tracent encore leurs ellipses et leurs cercles.

CHAPITRE II

L'incantation doit se marier à la danse pour en déterminer à la fois le sens et l'action.

Circumambulation, du latin *circum ambulare*, marcher autour, s'explique suffisamment par son étymologie. On pratique une circumambulation en tournant autour d'une pierre, d'un arbre, d'un animal ou d'un être humain, ou, lorsqu'on fait le tour d'un autel, d'une maison, d'un temple ou

d'une ville. Les rites de circumambulation ont essentiellement pour but de
délimiter, de constituer, de définir le
champ d'action des forces magico-reli-
gieuses que l'on met en œuvre par des
actes appropriés. Parmi ces actes, les
prières et les chants, que l'on appelait
jadis des enchantements ou des incantations, fournissent un appoint souvent
essentiel. L'encerclement ou l'envelop-
pement, car il n'est pas toujours néces-
saire de former un cercle géométrique,
peut s'obtenir de bien des façons, soit
en effectuant un simple tracé superfi-
ciel, soit au moyen d'un lien matériel,
d'une sorte de chaîne ou de ceinture ;
soit, enfin, au moyen d'un cercle vivant, d'un anneau humain, dont tous
les individus se tiennent par la main
afin de former une véritable chaîne.
C'est, précisément, le cas des rondes
populaires.

Les rites de circumambulation n'ont,

par eux-mêmes, qu'une signification
fort-limitée et les ceintures qu'ils éta-
blissent peuvent avoir des qualités
magiques très différentes ; elles peuvent être bienfaisantes ou malfaisantes,
selon les paroles qui sont proférées et
selon le sens dans lequel l'encerclement est effectué. Et lorsqu'il s'agit
d'une ligne protectrice, elle peut viser
simplement à maintenir ou à rejeter au
dehors les mauvaises influences ou à
concentrer et retenir au dedans les
forces bienfaisantes. Les chants de certaines rondes populaires visent précisément à déterminer le sens de l'activité
magique, dans le chant limité par le
cercle dansant.

*
* *

Cette valeur magique est encore
attestée par la tradition des Landes françaises. Après le baptême, lorsque le

nouveau-né est introduit dans la maison, les convives se mettent aussitôt à danser des rondes joyeuses et ne s'asseyent pas à table avant d'avoir procédé à cette cérémonie. Sans cette pratique, l'enfant serait menacé d'affection de la vue.

Les paysans russes mettent les épizooties sur le compte des esprits malins dont l'intervention est due à des pratiques de sorcellerie. Ils les conjurent par des procédés bizarres et par des chants souvent peu intelligibles. En divers gouvernements, la femme la plus âgée s'attelle à une charrue qu'elle traîne trois fois autour du village et toutes les autres la suivent en chantant. Le cercle ainsi tracé est infranchissable aux mauvais esprits, ennemis du bétail, qui, pendant cette cérémonie, est tenu enfermé dans les étables.

Voici l'une des chansons usitées en pareil cas :

LES TROIS ANCIENS ET
LES DOUZE JEUNES FILLES

De l'Océan, de la mer profonde
Sont sorties douze jeunes filles ;
Elles vont arriver par un long chemin
Jusqu'au sommet des montagnes escarpées,
    Chez les trois Anciens...
Apprêtez les blanches tables de chêne...
Aiguisez les couteaux d'acier,
Faites bouillir les chaudières :
Déchirez, déchiquetez
Tout être vivant sous les cieux.

Les anciens exaucent la demande des douze jeunes filles ; tout être vivant (mauvais) est mis à mort. Alors :

    Dans ces chaudières bouillantes,
    Un feu inextinguible consume
    Chaque être vivant sous les cieux,
    Autour des chaudières bouillantes,
    Se tiennent les anciens :

Les Anciens chantent
Sur la vie, sur la mort,
Sur toute race humaine.
Les anciens donnent,
Au monde entier, longue vie.
Mais, sur l'autre, sur la Mort cruelle,
Les Anciens jettent
Une grande malédiction.
Les Anciens promettent
Eternelle vie,
A toute la race humaine.

Ces trois anciens sont des divinités bienfaisantes et les douze jeunes filles personnifient les douze mois pendant lesquels la protection ainsi obtenue demeurera efficace.

* *

Il n'y a pas que des rondes et des incantations antémaléficientes, il y a des enchantements bienfaisants. Sur la côte du Coromandel, les femmes tamoules chantent et dansent des rondes

autour de chaque petit enfant, afin
d'assurer son bonheur futur. Voici
leurs paroles :

Mes sœurs, formons la ronde,
       Ella lena !
Autour de mon petit enfant
       Ella lena !
Que Munachi lui donne la richesse
       Et Latchmi la beauté.
       Ella léna !
Que Dourga lui donne la puissance,
       Hanoûman la sagesse
       Ella léna !
Mes sœurs, formons la ronde,
En nous tenant par la main
       Ella léna !
Etranger qui passe, regarde et dis-nous si, par
                                    [hasard,
Dans ton pays merveilleux il est un plus bel
                                    [enfant,
       Ella léna !
Dourga lui donnera la puissance
       Hanouman la sagesse,
       Ella léna !

Latchmi lui donnera la beauté,
Munachi lui donnera la sagesse,
Ella léna !

Parmi les rondes d'amour, si populaires au cher pays de France, on ne
saurait douter que les plus anciennes
étaient de véritables incantations destinées à faire naître ce doux sentiment
dans les jeunes cœurs. Lisez cette ronde lorraine recueillie à Retonféy :

LA BELLE DANSE

Nous sommes une tant belle' danse
Composée de jeunes gens ;
Mon amant, celui que j'aime,
N'y est pas, je le vois bien.

Soudain, j'ai tourné la tête,
Tout droit au soleil levant,
J'ai vu v'nir mon ami Pierre,
Sur un cheval noir et blanc.

Dans sa main tient une rose,
Tout en or et en argent :
— Pour qui, cette belle rose,
Mon tout bel ami plaisant ?

— Ce sera pour vous, la belle,
Vous êt's belle à l'avenant ;
Ni donnez pas vos amours,
Si vous ne savez comment.

Ni donnez pas vos amours,
Si vous ne savez comment :
Hier, j'ai donné la mienne
Aujourd'hui, je m'en repens.

« C'est, nous dit-on, ordinairement
par cette ronde que les rondes du soir
commençaient. Les jeunes filles se
tenant par la main, tournent en la
chantant seules, *c'est une espèce*
d'appel ; les garçons qui l'entendent se
réunissent et se rendent bientôt à la
danse. »

Cet appel chanté est une véritable

incantation destinée à attirer les garçons, j'allais dire à les contraindre.
Pour être une sorte d'envoûtement public et loyal, ce n'en est pas moins un
envoûtement.

*
* *

Chez les Romains, les filles abandon-
nées par leurs amants n'hésitaient pas
à pratiquer des rondes chantées autour
des autels des dieux. Comment n'en
croirions-nous pas Virgile ?

« Apporte-moi de l'eau, Amaryllis et
pare ces autels de molles bandelettes ;
brûle la grasse verveine et l'encens
mâle ; je veux essayer, par un sacrifice
magique de tirer de leur lâche tiédeur
les sens de mon amant : oui, je n'ai
plus qu'à recourir aux enchantements.
*Ramène de la ville en ces lieux, charme
puissant, ramène-moi Daphnis.*

« Comme cet argile durcit, comme
cette cire se liquéfie au même brasier,
que Daphnis ressente les mêmes effets
de mon cœur. Jette cette pâte, brûle
avec le bitume ces fragiles lauriers. Le
cruel Daphnis me brûle, qu'il brûle en
ce laurier. *Ramène de la ville en ces
lieux, charme puissant, ramène-moi
Daphnis.*

« La génisse, lasse de chercher dans
les bois et de colline en colline, un
jeune taureau, tombe sur l'herbe verdoyante au bord d'un ruisseau, et,
perdue d'amour, ne pense pas que la
nuit la rappelle à l'étable ; que Daphnis
soit possédé pour moi de la même ar-
deur, incurable et délaissée. *Ramène
de la ville en ces lieux, charme puissant, ramène-moi Daphnis.*

« Voici les dépouilles qu'autrefois le
perfide m'a laissées, chers gages de son
amour ; terre, je les dépose dans ton

sein sous le seuil même ; ils me sont garants du retour de Daphnis. *Ramène de la ville en ces lieux, charme puissant, ramène-moi Daphnis.*

. . . .

Amaryllis porte ces cendres hors de la maison ; jette-les par dessus ta tête dans le ruisseau, et ne regarde pas derrière toi. C'est avec toutes ces armes que j'attaquerai Daphnis ; mais il rit, l'infidèle, et du charme et des dieux ! *Ramène de la ville en ces lieux, charme puissant, ramène-moi Daphnis.*

Vois, tandis que je tarde à l'emporter, cette cendre a d'elle-même enveloppé l'autel de flammes tremblantes; bon présage ! Mais, qu'entends-je ? Hylax aboie sur le seuil. Le croirai-je ? Ou les amants se forgent-ils des songes à plaisir ? *Cessez, charmes puissants. Daphnis revient de la ville ; cessez, voici Daphnis.* »

Virgile s'est évidemment inspiré
d'une incantation traditionnelle d'un
charme d'amour (carmen amoris) que
l'on chantait en tournant autour de
l'autel et de l'aide qui accomplissait
les prescriptions magiques. L'amante
délaissée, comme ici Alphésibée, devait
envelopper l'autel et sa compagne de
ses cercles et de son chant où le rappel
de Daphnis revenait comme un refrain.

*
* *

Mais c'est là presque de la magie
noire, nos modernes rondes d'amour
ne s'acompagnent pas de tels moyens;
au reste, elles ne visent pas seulement
à l'union d'un couple, mais à celles de
tous les jeunes gens du pays qui sont
en âge d'amour et de mariage. Charmes
dansés et danses charmées semblent
compter davantage sur les miracles de

la nature que sur les ressources du
monde spirituel. Nés de la magie, c'est
à peine s'ils comportent d'autre magie
que celle de la séduction et de la
grâce. Les jeunesses tournent et chantent de leurs voix prenantes et les gâs,
les heureux gâs, les pauvres gâs se
prennent aux filets de leur ronde,
comme les mouches s'engluent au miel.

Au reste, elles n'oublient pas de renforcer la puissance des paroles en y
ajoutant la mimique, ainsi que l'exige
le principe de la magie imitative :

QUI MARIERONS-NOUS ?
(Ronde du terroir mauge)

I

Qui marierons-nous ?
Ça s'ra mamzelle et p'is vous,
Dans ce joli rond d'amourette,
Ça s'ra mamzelle et p'is vous,
Dans ce joli rond d'amour.
   (On la fait entrer dans la ronde).

II

Amants, à genoux,
A genoux, embrassez-vous, etc.

III

Amants, levez-vous,
Levez-vous, embrassez-vous, etc.

IV

Amants, placez-vous,
Embrassez-vous, etc.

Ils se remettent dans le rond, s'embras-
sent et la ronde reprend avec d'autres).

La puissance du *rond d'amour* ne
peut, en effet, manquer de s'accroître
par ces baisers pris et rendus debout
et à genoux.

Cette même ronde est connue dans
toute la France, avec des variantes qui,
chacune à leur façon, visent à l'ensor-
cellement amoureux. Voici comment

on opère en Flandre. Un garçon entre
dans le rond et choisit une fillette, entre le premier et le second couplet ;
puis, en dansant, le couple fait ce
qu'ordonnent les chanteurs : Mettez-
vous, etc. C'est ensuite la fillette qui
choisit un garçon et l'on alterne ainsi
jusqu'à la fin.

LES YEUX D'AMOUR

(Ronde mimée de la Flandre française)

Mettez-vous à genoux, (Bis.)
Par les yeux d'amour,
Par les yeux d'amour et d'amourette
Par les yeux d'amour. (Bis.)

II

Et puis, embrassez-vous, (Bis.)
Par les yeux d'amour,
Par les yeux d'amour et d'amourette
Par les yeux d'amour. (Bis.)

III

Et puis, encore un coup, (Bis.)
Par les yeux d'amour,
Par les yeux d'amour et d'amourette
Par les yeux d'amour. (Bis.)

IV

Monsieur (ou Mam'zelle), retirez-vous Bis.)
Par les yeux d'amour,
Par les yeux d'amour et d'amourette
Par les yeux d'amour. (Bis.)

Desrousseaux, auquel nous emprun-
tons ce *charme* flamand, prétend que
l'on a dû substituer *yeux d'amour* à
jeux d'amour, par suite d'une lecture
erronnée. Cela n'est pas prouvé, atten-
du que cette expression se retrouve
dans d'autres chants analogues, tels
que : *Le petit jardin d'amour.* Cette
expression éveille une idée de fascina-
tion et se marie merveilleusement avec
l'idée générale qui anime le charme.

Telle de ces rondes enfantines fut

formellement interdite à notre enfance. L'embrassez-vous pour être traditionnel ne paraissait pas suffisamment modeste à nos parents et c'est tout juste si on le tolérait entre cousins et cousines ; les gens d'expérience craignaient donc l'efficace de cette mimique amoureuse. D'autres fois, ils l'utilisaient pour préparer des fiançailles qu'ils souhaitaient.

LE ROSSIGNOLET
(Ronde provençale)

Rossignolet (c'est le nom de la jeune amoureuse en Provence) a maintes occasions, dans ces rondes, de signifier son choix. Pour exécuter le rondeau de ce nom, une jeune fille fait semblant de dormir pendant que les autres font une ronde autour d'elle en chantant :

Rossignolet, réveille-toi
Un berger te demande
Lan la
Un berger te demande,

A ces paroles, l'endormie répond :

> — *Moi, qu'es aqueou poulit bargier*
> *Que toujours me demando,*
> *Lan la,*
> *Que toujours me demando,*

Le chœur en tournant :

> *N'es N... qui se fait noumar*
> *N... que te demande....*

L'endormie retorque préférer la mort :

> — *Se n'es aqueou lou roure pas*
> *Iou n'en farai la mouerto.*

Le chœur n'insiste pas et chante :

> *Rossignolet. réveille-toi*
> *T'en dounaren un autre,*

L'endormie, qui n'est pas morte, recommence :

> — *Moi, qu'es aqueou poulit bargier*
> *Que toujours me demando ?*

jusqu'à ce qu'on nomme celui qui lui
plaît, qui, alors, se mêle à la danse en
chantant :

> *Se li plaise n'en veut intrar*
> *Et n'en fairé lou brandou*
> *Lan la,*
> *Et n'en faire lou brandou.*

Ces rondes d'enfant furent jadis censées agir sur les jeunes gens et exercer
une véritable influence sur la commu-
nauté. Elles ne sont, d'ailleurs, le plus
souvent, que des réductions de formes
plus franches, réservées aux adultes
où le demandeur est appelé le fiancé
ou l'épouseur.

Dans une variante du rossignolet, la
jeune fille contrefait la morte, ses com-
pagnes chantent :

> *La sœur Lignotte ne dort pas*
> *Mais elle fait la morte, lan la....*

Hélas ! quo li farem dounar
A nouestro sur Lignotte. lan la...
  N' per toun espous
A nouestro sur Lignotte, lan la...

Ce réveil de l'endormie, au nom de
l'ami ou du futur « *espous* », constitue
une véritable scène de rituel, un gra-
cieux et séduisant mime liturgique.
Sans doute, nous ne le sentons plus
parce que nous sommes trop loin de
l'esprit des primitifs qui créèrent les
prototypes de ces danses et de ces
chants.

⁎⁎

Il suffit cependant d'interroger les
Grecs pour se convaincre que les premières danses chantées étaient de
véritables incantations d'amour. Lucien
parle ainsi des Lacédémoniens :
« Lorsqu'ils ont fini de lutter avec
les poignets et de se frapper à tour de

rôle les uns contre les autres, le combat se termine par une danse : un
joueur de flûte s'assied au centre,
soufflant et marquant la mesure avec
son pied ; puis, les jeunes gens, le
suivant par bandes, prennent en mar-
chant en cadence toutes sortes d'atti-
tudes, les-unes guerrières, les autres
dansantes et chères à Bacchus et a
Vénus.

« Au fait, la chanson qu'ils chantent
en dansant est une invitation à Vénus
et aux Amours de venir s'ébattre et
danser avec eux »

L'intervention des dieux accentue
nettement ici le caractère liturgique et
incantatoire de ces danses et de ces
chants. A ceux qui douteraient que les
Grecs aient connu les rondes d'amour
proprement dites, Lucien continue :

« On en fait antant dans la danse
appelée le *Collier*. C'est en effet, une

sorte de ballet commun aux garçons et
aux filles qui dansent un par un, en sé
tenant de manière à dessiner un collier. Le cercle commence par un garçon
qui saute en jeune homme et comme il
devra le faire à la guerre ; puis, vient
une jeune fille, qui fait des pas mo-
destes et qui montre comme les femmes
doivent danser, de sorte qu'on peut
dire que le collier représente l'union
de la force et de la modestie. »

Vénus et les Amours se chargeaient
certainement de rendre définitives certaines de ces unions passagères en
inspirant l'amour aux couples qui re-
présentaient le plus parfaitement la
modestie attachée à la force. La nature
et la magie ont souvent harmonisé
leurs efforts et cela se conçoit, de reste
puisque la magie est une création de la
nature humaine.

Tout ceci n'est d'ailleurs que l'un des

rôles liturgiques de la ronde. Les rites
de circumambulation ne visent pas
seulement à délimiter, à encercler la
personne ou le lieu, le terrain de
l'action magico-religieuse, mais le temps
durant lequel elle conservera son
efficace.

C'est encore Lucien qui nous dit: « Le
chœur des astres, la conjonction des
planètes et des étoiles fixes, leur société
harmonieuse, leur admirable concert
sont les modèles de la première danse.»
Plutarque confirme notre sceptique; il
rapporte que Numa avait ordonné de
tourner en rond en adorant, puis ajoute:
« Le précepte de tourner en adorant les
dieux avait, dit-on, pour objet d'imiter
le mouvement de l'univers ».

* * *

Mais nous pouvons aller plus avant.
Les étoiles en tournant en rond mènent

le monde, chacun sait que leurs pas
mesurent le temps. Pour les anciens et
pour les primitifs, le temps n'est pas
une abstraction ou un cadre vide, mais
le rayonnement magique des étoiles,
une force qu'elles dégagent et répan-
dent autour d'elles de telle sorte que
leur influence entraîne nécessairement
toute la période durant laquelle elles
agissent sur notre terre ou notre indi-
vidu. Aussi bien en imitant leur ronde
ou plutôt en s'y associant dès leurs
premiers pas, l'homme s'empare du
temps où elles dominent et peut y faire
retentir ses propres volontés. Parmi les
hommes, ceux qui connaissent les
chants magiques et les saintes minutes
où chaque planète, chaque étoile, saisis-
sent la terre dans leur danse, ceux-là
peuvent sinon mener leurs rondes,
associer au bonheur de leurs courses
les destinées humaines.

La ronde en Russie est la forme la plus populaire de la danse et l'on ne laisse guère passer une belle soirée sans khorovod, sans danser en cercle. Cette forme de danse est constante ; mais il n'en est pas de même des chants qui l'accompagnent. On ne chante pas au printemps des chansons de veillées, ni des chants de moisson, en hiver. « Chaque mois a son cycle propre, c'est comme un rituel, nous dit le professeur Levitsky (de Iaroslav), il m'est arrivé plusieurs fois de demander à un paysan telle ou telle chanson. « Non, répondait-il, pas celle-là, ça ne convient pas; ce n'est pas l'époque. »

Ce refus tenait à un sentiment profond du pouvoir du chant, soit pour favoriser, soit pour troubler le cours du temps et des saisons, et le professeur Levitsky ne croyait pas si bien dire lorsqu'il écrivait : c'est comme un

rituel. Nous allons tenter de restituer
cet hymnaire du peuple, hymnaire où
les charmes préhistoriques s'associent
aux charmes gréco-romains, ou même
à des charmes païens plus ou moins
christianisés. La tentative est hardie,
mais combien séduisante. J'offre ces
pages à ceux qui ne redoutent pas les
chemins où fleurit l'hypothèse et les
sentiers non frayés.

4

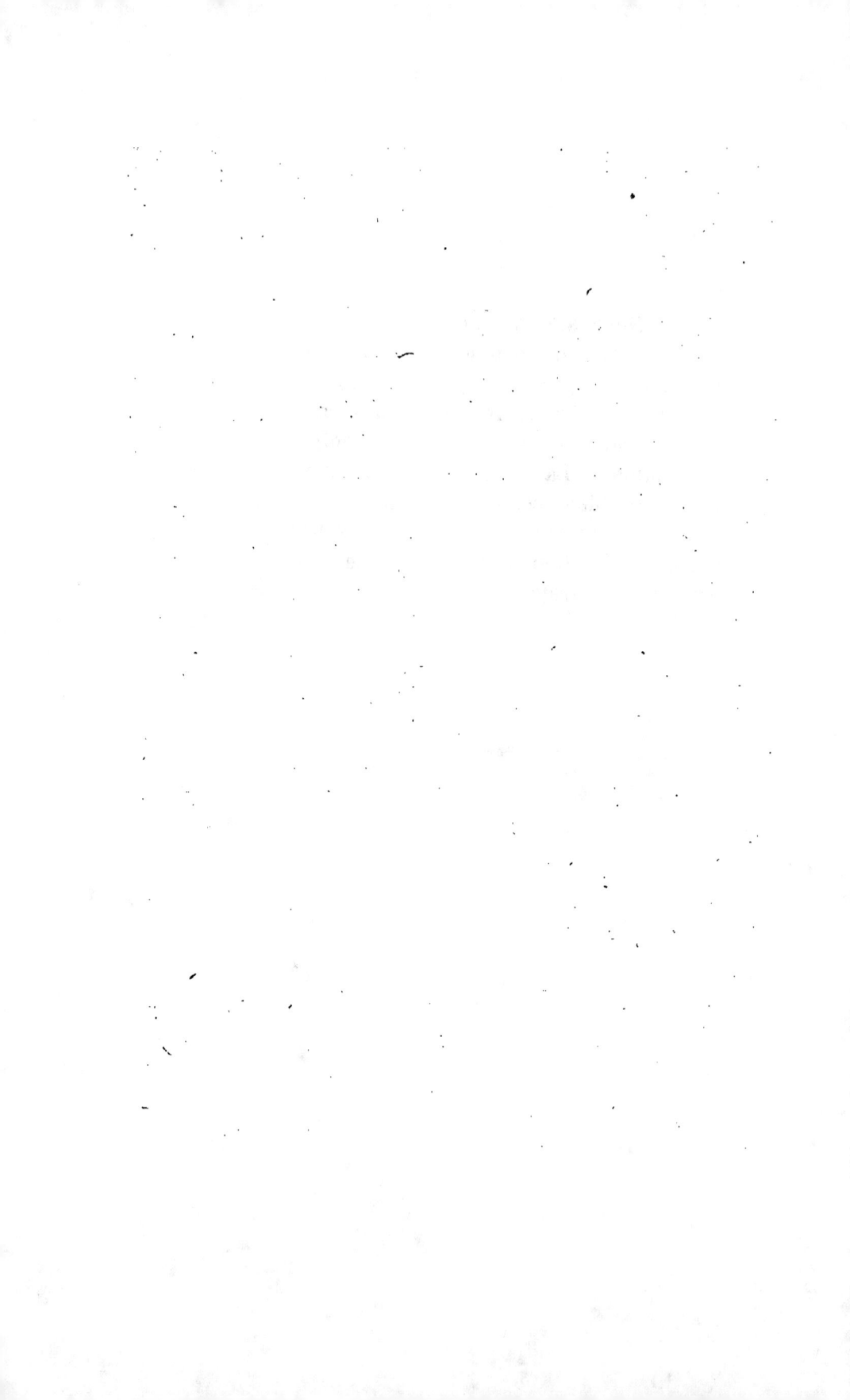

CHAPITRE III

Les Temps Sacrés et spécialement de l'ouverture de l'année.
Les Chants de Noël.

Les rites et les cérémonies s'accom-
plissent nécessairement dans le temps,
mais non pas le temps conçu à la façon
des mathématiciens, comme une sorte
de néant homogène et continu. Le
temps sacré est une réalité substan-
tielle, une sorte d'éther qui enveloppe
les êtres et leurs actes, et les imprègne

de ses modalités particulières. En
revanche, le rite et le cérémoniaire agit
sur le temps sacré dans lequel ils
opèrent pour le modifier à son tour, le
rendre propice ou favorable.

Les parties successives du temps,
telles qu'elles sont données par le
calendrier, sont essentiellement hétéro-
gènes et chacune d'elles forme un tout
qui possède des qualités spéciales non-
seulement de chaleur ou de froidure,
mais de bienfaisance ou de malfaisance,
de bonne ou de mauvaise fortune,
d'abondance ou de stérilité. Le prêtre
et le magicien peuvent agir sur chacune
de ces divisions du temps et, par suite,
en modifier profondément l'influence
enveloppante au moyen de rites et de
cérémonies pratiqués au moment précis
où la période sacrée commence. La
connaissance des dates critiques est un
point essentiel de toute liturgie.

Le lien qui existe entre le dérou-
lement d'une période sacrée et le début
de cette période est parfaitement indi-
qué par la tradition relative aux douze
jours et aux douze nuits qui vont de
Noël à l'Epiphanie. Ces douze jours
correspondent aux douze mois de
l'année qui se préparent et indique le
temps qui prédominera durant le cours
de chacun d'eux.

*Le jour de Noël représente le mois
de janvier.* Si le soleil est clair, luisant
et beau, l'année suivante enrichira le
laboureur, et, si la nuit est venteuse,
elle enrichira le vigneron.

*Le jour de Saint Etienne correspond
au mois de février.* Si le soleil est clair,
les biens de la terre péricliteront, et,
s'il vente pendant la nuit, il n'y aura
que peu de vin.

*Le jour de Saint Jean l'Evangéliste
répond au mois de mars.* Si le soleil

est clair, grande mortalité dans l'air, principalement parmi les jeunes gens. Si la nuit est venteuse, menace de deuil public.

Le jour des Innocents représente le mois d'avril. Si le soleil est clair, les jeunes gens et les personnes entre deux âges seront affligés de nombreuses maladies. Si la nuit est venteuse, famine et cherté.

Le jour de Saint Thomas est l'image du mois de mai. Si le soleil est clair, les biens de la terre ne manqueront et trop cher ne coûteront. Si la nuit est venteuse, les gens d'études seront exposés à de nombreuses infirmités.

La veille de la Saint Sylvestre est en rapport avec le mois de juin. Si le soleil est clair, les *meix* (jardins) regorgeront de fruits et de légumes. Si la nuit est venteuse, il y aura du grain, du vin et

de l'huile et mille autres choses plus
que besoin ne sera.

*Le jour de Saint Sylvestre (31 décem-
bre) nous donne du mois de juillet une
idée exacte.* Si le soleil est clair, les
étangs et les rivières seront remplis de
poissons; mais les grains seront rares
et chers. Si la nuit est venteuse, la
disette descendra au pays.

*Le jour de l'an nous apprend ce que
sera le mois d'août.* Si le soleil est clair,
il y aura du gibier à foison. Si la nuit
est venteuse, la mort frappera partout
à tort et à travers.

*L'octave de Saint Etienne nous mon-
tre ce que septembre nous apportera.*
Si le soleil est clair, les animaux
domestiques nous donneront aide et
profit. Si la nuit est venteuse, la peste
s'abattra sur le menu bétail et sur les
mouches à miel.

*L'octave de la Saint Jean nous indi-
que ce que nous pouvons attendre
d'octobre.* Si le soleil est clair, le temps
sera lourd et orageux. Si la nuit est
venteuse, les valets de ferme geindront
souvent.

*L'octave des Innocents annonce les
bonnes ou mauvaises dispositions de
novembre.* Si le soleil est clair, des
épidémies ravageront villes et villages.
Si la nuit est venteuse, maints cimetières auront besoin d'être agrandis.

*La veille des Grands Rois fait con-
naître ce que décembre tient pour nous
en réserve.* Si le soleil est clair, il y
aura guerre et bataille. Si la nuit est
venteuse, les corbeaux et les loups
trouveront de la pâture à souhait. »

L'ensemble de ces correspondances
met fortement en lumière la croyance
à l'action du début d'une période sur

son entier développement. En Franche-
Comté, les douze nuits sont censées
partir tantôt du solstice d'hiver, tantôt
du 1er janvier ; mais, dans l'un et l'autre cas, l'on admet que le début d'une
période sacrée la détermine et la com-
mande toute entière.

* *
*

Une même date critique, un même
point de départ peut être commun à la
fois à deux périodes sacrées d'inégales
longueurs et de qualités diverses, comme la saison et l'année. Outre les rites
destinés à agir sur l'année nouvelle, on
exécute également des cérémonies propres à modifier spécialement la saison
ou la période sainte qui débute en
même temps.

Ceux qui commencent une vie nouvelle, les enfants, les fiancés, les

jeunes époux sont, d'ailleurs, les
officiants particulièrement désignés
pour agir sur la nouveauté des périodes sacrées. Au XVII° siècle, aux environs de Rennes, la nouvelle mariée,
qui avait épousé en la paroisse de
Saint Georges de Gréhaigne, devait
exécuter *une chanson en dansant*, le
premier dimanche après les épousail-
les, près du cimetière, à l'issue de la
grand'messe. La semaine commençante
bénéficiait ainsi du rayonnement de sa
vie nouvelle.

Les rondes et les circumambulations
psalmodiées au début d'une période
sacrée nouaient une sorte de chaîne à
engrenage entre le temps qui commençait à s'écouler et les exécutants de
cette cérémonie. Les officiants, non-
seulement aiguillaient ainsi la nouvelle
période à leur bénéfice, mais en modi-
fiaient les modalités dans un sens bien-

faisant. La ronde et la circumambulation constituent une courroie de trans-
mission ou forment un appareillage
mystique qui reiie les lieux et les
temps.

C'est vraisemblablement en vertu de
cette conception que l'office de la fête
dès fous que l'on célébrait de Noël à
l'Epiphanie, constituait une rapsodie
de tout ce qui se chante durant le cours
de l'année. On y passait en revue toutes les principales pièces des autres
offices, chants de carême et chants de
Pâques, hymnes de la Pentecôte et de
la Toussaint. Le gai, le lugubre s'y
succédaient tour à tour, récapitulant
toute la liturgie de l'année.

*
* *

L'ouverture de l'année ou celle du
printemps sont nécessairement des

dates critiques et chacun s'efforce alors d'atteler la terre au ciel. Nos *quêtes à la ronde* et nos *danses tournées* sont des survivances d'anciens rituels, destinés précisément à réaliser cet appareillage. Mais, pour se débrouiller au milieu de toutes ces survivances festales et saisonnières, il ne faut pas oublier que les populations européennes ont été soumises à de multiples régimes calendaires. Les Celtes divisant l'année en quatre intervalles de trois mois, le nouvel an tombait le 1er février et le printemps s'ouvrait le 1er mai. Les Grecs et les Romains commencèrent l'année au 1er mars, qui passait en même temps pour l'ouverture du printemps. Les Français suivirent longtemps cet usage ; mais, vers le XIVe siècle, le début de l'année fut rapproché du solstice d'hiver et fixé au

premier janvier, coïncidant avec les
Brumales et les Calendes. D'autre part,
l'année ecclésiastique, dont certaines
fêtes sont à dates fixes et certaines à
dates mobiles, plaça l'ouverture de
l'année à Noël (fête fixe) et celle du
printemps à Pâques (fête mobile oscil-
lant du 23 mars au 21 avril). Dans ce
système, la solennisation du début de
l'année commence avec l'Avent, c'est-
à-dire à la Saint Martin, 11 novembre
(40 jours avant Noël) et la solennisation
de l'ouverture du printemps avec le
mardi-gras et le début du carême (40
jours avant Pâques). Ces trop brèves
notions vont nous permettre de saisir
le sens général des rites, des chants,
des processions, que nous allons passer
en revue.

La véritable date de l'ouverture de
l'année devrait être le jour du solstice
d'hiver, alors que les jours les plus

courts prennent fin et que le soleil va recommencer son ascension céleste. L'Eglise a justement adopté Noël dont notre jour de l'an n'est qu'une sorte de doublet profane. On a, d'ailleurs, vainement essayé de christianiser l'ouverture de l'année civile par la fête de la Circoncision.

Avec Noël tout recommence; le cercle de l'année et le cycle des saisons (*annus*, dont viennent *année* et *anneau*, veut dire *cercle*) ; et maints peuples païens admirent jadis que ce fut le temps où le monde prit sa forme, témoin ce vieux khorovod slave que l'on chante en Ukraine, au jour de Noël,

Quand il n'y avait pas de commencement
[du monde
Ni le ciel, ni la terre n'existaient non plus.
Seulement il y avait une mer bleue
Et au centre de la mer un frêne verdoyant.
Sur ce frêne perchent trois colombes.
Les trois colombes prennent l'avis l'une de
[l'autre,-

Elles délibèrent, en conseil, comment   ourdir
                              [le monde :
« *Descendons au fond de la mer,*
« *Extrayous-en du sable menu, nous le sème-*
                              [rons,
« *Ainsi une terre noire se fera pour vous,*
« *Le ciel clair et un soleil brillant,*
« *Un soleil brillant et une lune claire,*
« *La lune claire et une autre rayonnante*
« *L'amour rayonnant et une étoile mignonne.* »

* *

L'ouverture du temps de Noël en Russie a conservé des traces considérables des rites païens qui servaient à ouvrir la saison. Les *kolyadki* que l'on chante alors dans tous les pays slaves en l'honneur de Jésus nouveau-né se chantaient autrefois en l'honneur d'une divinité solaire. Quelques *kolyadki* rappellent d'ailleurs les anciens sacrifices animaux que l'on offrait au soleil renaissant.

LE BOUC

Au delà de la rivière, de la rivière rapide,
        O kolyadka !
Là, sont d'épaisses forêts.
Dans ces forêts des feux sont allumés,
De grands feux sont allumés,
Autour des feux sont posés des bancs,
Sont posés des bancs de chêne.
Sur ces bancs, les jeunes gens,
Les jeunes gens, les belles jeunes filles
Chantent les chants de Kolyadka.

        Kolyadka ! Kolyadka !

Au milieu d'eux est assis un vieillard :
Il aiguise un couteau d'acier,
Un chaudron bout vivement,
Près du chaudron se tient un bouc :
On va abattre le bouc.

        Frère Ivanuskho
        Sors, saute !
        — Avec plaisir je sauterais,
        Mais la pierre ardente

M'attire vers le chaudron ;
Les sables jaunes
Ont sucé à sec mon cœur.
O Kolyadka ! O Kolyadka !

Les *Kolyadki* étaient essentiellement
des rondes de sacrifice, le mot croate
Kolyadevati signifie : offrir en sacrifice.
Aujourd'hui, les *Kolyadki* sont presque
toutes des rondes chrétiennes ou du
moins semi-chrétiennes; témoin celle-ci:

Kolyadka ! Kolyadka !
Kolyadka est arrivé
A la veille de la Nativité.
Nous sortons, nous chantons
Saute Kolyadka.
A travers toutes les cours, dans toutes les allées
Nous trouvons Kolyadka
Dans le cour de Pierre
Menons la ronde dans la cour de Pierre où il
[y a une barrière de fer
Dans le milieu de la cour, il y a trois chambres
Dans la première chambre se tient la lune
[brillante

5

Dans la seconde chambre, le rouge soleil
Dans la troisième chambre, la multitude des
[étoiles.

Le chanteur explique ensuite que la
lune est le maître de la maison, que le
soleil est la maîtresse et que les étoiles
sont leurs enfants, et conclut (car il
s'agit d'un chant de quête) en leur
souhaitant une bonne santé :

Pendant de longues années, durant de longues
[années.

*
* *

Dans l'Europe occidentale, les rondes
et les quêtes de Noël ont entièrement
perdu leur caractère païen. Les efforts
réitérés de l'Eglise sont à peu près
venus à bout de ce prodige.

La Constitution du roi Childebert, en
555, condamnait les jeux de bouffon et
les sauteuses qui offensaient Dieu

durant les saintes nuits, spécialement celle de Noël.

Une ancienne tradition, dont il existe des versions multiples, atteste que les païens avaient coutume de danser et de chanter dans les cimetières et aux portes des églises à la Noël.

« Le prêtre Rupert disait la première messe de la nuit sainte. Les fidèles priaient avec ferveur dans l'église tandis qu'au dehors un homme portant le nom d'Albert et qui était encore entièrement adonné aux superstitions païennes, dansait dans le cimetière avec quinze autres hommes et trois femmes (d'autres disent six hommes et six femmes). Ces infidèles accompagnaient leurs danses de chants à bon droit condamnés par l'autorité ecclésiastique. Pendant que le prêtre invoquait l'agneau divin qui efface les péchés du monde, les païens, dans le cimetière, chantaient en chœur :

Lumineux soleil renaissant, nous te saluons !

« Le prêtre envoya le sacristain pour inviter ces malheureux, au nom de l'enfant Jésus, à se retirer. Mais ils répondirent : *De même que nous ne le troublons pas en ce qu'il fait dans son église, qu'il nous laisse faire ici à son tour ce que bon nous semble ! La voûte céleste est le temple de nos dieux !*

« Le prêtre était arrivé aux paroles : *Dieu a affermi la terre qui ne sera point ébranlée,* les païens s'écriaient en dehors : *Terre, tu es notre mère.*

« De nouveau, le prêtre les fit exhorter de ne pas continuer ces clameurs sacrilèges. En vain. Ils étaient entêtés et se refusaient à prêter l'oreille à la

voix de la raison. Le prêtre disait :
*Fille de Sion, soyez ravie de joie; fille
de Jérusalem, poussez des cris d'allé-
gresse !*

« Les infidèles dansaient une dernière
ronde en chantant : *O mère du feu,
puissante déesse !*

, « Et de nouveau le sacristain les pria
de s'éloigner. *Nous ne t'obéirons pas,*
répliqua Albert, *nous danserons malgré
ton prêtre.*

« Le vacarme ne cessa ni pendant la
communion, ni ensuite. Les païens ne
se lassaient de chanter en l'honneur de
leurs démons. Le prêtre qui commençait à s'embrouiller en ressentit un vif
courroux et s'écria : *Eh bien! soit, qu'ils
continuent à danser ainsi pendant toute
l'année !*

« Cette malédiction s'accomplit de
suite et entièrement. Bon gré, mal gré,
il leur fallut danser sans cesse, pendant

les plus grands froids de l'hiver, comme
durant les brûlantes chaleurs de l'été,
lorsque luisait le plus beau soleil et au
milieu des pluies torrentielles, nuit et
jour, sans un moment de répit. Ils
n'avaient ni faim, ni soif, ne se fati-
guaient pas ; n'avaient plus besoin de
sommeil.

« *Ils étaient maudits.* Un frère voulut
détacher par force de cette ronde infer-
nale sa sœur qu'il aimait beaucoup.
En vain ! Il lui arracha le bras hors
du corps et elle n'en ressentit aucun
mal, pas une goutte de sang ne sortit
de ses veines, elle ne fit entendre
aucune plainte ; aucun soupir ne lui
échappa. On la vit continuer à danser
et à chanter comme les autres. La terre
s'enfonçait sous leurs pas. En été, ils
étaient déjà parvenus jusqu'aux genoux dans la fosse ; en hiver, jusqu'au
dos. Mais leur danse ne cessait pas,
c'était affreux à voir ! Vers la fin de

l'année, saint Héribert, l'archevêque
de Cologne, arriva. Il eut pitié de ces
infortunés, les libéra de la malédiction et les fit entrer dans l'église. Les
femmes ne tardèrent pas à expirer ;
de même que peu après quelques
hommes, qui, dans la tombe firent des
miracles, preuve certaine qu'une aussi
dure punition leur avait acquis la fa-
veur de Dieu. Les autres, dont la vie
se prolongea encore, ressentirent toujours un certain tremblement qui agi-
tait tous leurs membres.

« Un récit fait arriver saint Héribert
à la Saint-Jean-Baptiste, ce qui, abré-
geant la punition d'une demi-année,
n'est pas, en pareil cas, un faible avantage pour les châtiés ». L'abbé Tri-
thème dit que ce fait se passa en 1012,
au moment où Robert, prêtre de l'é-
glise Saint-Magne, en Saxe, commençait la messe de minuit.

La chronique de Nuremberg place

l'événement en 1025, dans un village de l'évéché de Magdebourg.

* *

Ce conte ecclésiastique n'eut pas toute l'efficacité qu'on en attendait, il a dû cependant être répété maintes fois du haut de la chaire. De guerre lasse, et peut-être sous la pression de la force, nos païens abandonnèrent le cimetière et le seuil de l'église, mais sans renoncer à leurs rites qu'ils continuèrent de pratiquer à l'intérieur même des sanctuaires. Nous voyons le concile de Sens, en 1485, recommander d'éviter les danses et les jeux de théâtre qui profanaient les temples et vilipendaient les choses sacrées dans la nuit de Noël. « Que si l'on fait quelque chose, que ce soit honnêtement, paisiblement, en peu de temps, sans

empêchement et amoindrissement des
offices, sans masque ni barbouillage
de figure, après une permission spé-
ciale de l'ordinaire et le bon plaisir
des membres de l'église ! ». En 1521,
à propos des fêtes de Noël dans les
églises, Erasme écrivait : « Alors ré-
sonnent les trombones, les trompet-
tes, les cornets, les fifres, les orgues
et l'on chante. On entend de hon-
teuses chansons d'amour, d'après lesquelles dansent les mauvais garçons
et les filles publiques. Ainsi on court
en foule aux églises comme à un lieu
de divertissement pour entendre quelque chose de gai et de réjouissant ».

A la longue cependant, les prêtres,
le suisse aidant, réussirent à faire la
police de la nuit sainte, aussi bien à
l'intérieur qu'à la porte de l'église. On
entend encore parfois quelque solo
profane où quelque artiste de comédie

dans nos messes de minuit ; mais la chanson honteuse et les rondes fantasques en sont totalement exclues.

***

Cependant certaines pratiques païennes, — malgré tout, — survécurent. Les souhaits de bénédiction et de destruction que l'on faisait alors au nom des dieux anciens et, tout particulièrement du soleil nouveau, se maintinrent en maintes contrées. A cette époque, en Normandie, on allait par les plants de pommiers, avec des torches de paille, dites *colines* et *colinettes* et on y exorcisait un mauvais génie appelé *Barbassionné*, le *Barbasson* de Shakespeare. A Caen, les enfants se promenaient par les rues avec des colinettes en chantant :

> *Salut, Noël d'où viens-tu*
> *Depis un an qu'je n't'avais vu ?*

Si tu viens dans mon clios
J'te brûlerai la barbe et les os,
Tau, tau, tau les mulots.

Ce motif se répète à Coutances, mais plus complet, dans sa forme dialoguée.

LES GARÇONS

Des pommes à chaque branquette
Tout plein ma pouquette.

LES FILLES

A chaque bourgeon
Tout plein mon cotillon,

CHŒUR

Taupes et mulots
Si tu viens dans mon clios
J'te brûle la barbe et les os.

Cette incantation à double fin était renforcée par la circumambulation, d'ailleurs un peu décousue, des porteurs de **colines**.

Ces promenades aux flambeaux, accompagnées de souhaits collectifs et d'excommunications générales, sont plutôt rares à cette époque, le rite le plus coutumier est la quête en chansons qui recueille à la ronde les éléments d'un festin ou plutôt d'un véritable repas de communion.

Au pays basque, dans quelques communes de la Soule, les jeunes gens se présentaient jadis, le soir du 24 décembre, devant les maisons où il était né un enfant dans le courant de l'année et chantaient :

Sühülao ! liu, lao !
Sur la maisonnette sühülao !
Cet enfant d'en haut de la maisonnette
Demeure sur des sièges d'argent :
Argent et objets d'argent,
Les choses nécessaires à la maison :
Cet enfant d'en haut de la maisonnette
Est, pour le chœur des anges,
Monsieur et Madame d'en haut de la mai-
Ces chants sont pour vous ! [sonnette,*

La coutume voulait que les maîtres
du logis récompensent le chanteur.
S'ils étaient contents de la quête, ils
lançaient en adieu :

Dame de la maison vous avez donné bellement
Et la compagnie le sait
Vous entrerez au ciel avec douze anges

Au cas contraire, ils ne chantaient
pas moins, mais :

Dame de la maison vous avez donné chiche-
Et la compagnie le sait   [ment
Vous entrerez en enfer avec douze diables.

Cette quête chantante, d'origine profane, a été cependant christianisée à
son tour dans une large mesure. Les
anciens chants de quête ont été rem-
placés à peu près partout par des
Noëls. En Bretagne, et tout particulièrement dans l'Ille-et-Vilaine, les petits
garçons vont par les rues des villages

et des bourgs portant chacun une chandelle allumée et chantant des Noëls qu'ils terminent par cet appel :

Chantons Noël
Pour un' pomme
Pour un' poire
Pour un petit coup de cidre à boire.

Cette pratique s'est également perpétuée en Belgique, dans le Bourbonnais, dans l'Armagnac, dans les Landes et maintes autres régions.

**

En Roumanie, les *Colindes*, ainsi appelle-t-on les chants des quêteurs de Noël, ont beaucoup mieux conservé leur caractère d'incantation, pour l'ouverture de l'année. Un enfant portant une étoile lumineuse de papier huilé est suivi d'autres enfants représentant

les mages et le roi Hérode. Ils sont
suivis par des jeunes gens portant une
image qui représente la naissance de
Jésus-Christ. Tous chantent sous les
fenêtres des maisons la chanson suivante :

« Levez-vous, levez-vous, grands
boyards ; levez-vous, Roumains laboureurs, car voici venir les chanteurs de
Colindes qui, à minuit, vous annoncent
le Dieu Sauveur, le Dieu nouveau-né,
vêtu de fleurs de lis, le vrai Dieu Soleil
aux rayons éclatants.

« Levez-vous, levez-vous, grands
boyards ; levez-vous Roumains laboureurs, car au ciel a paru une étoile
d'empereur, étoile à la chevelure bril-
lante, présage de bonheur. Voici que
le monde fleurit, la terre se rajeunit,
les tourterelles chantent dans le bois,
les hirondelles à la fenêtre. Un beau
pigeon est arrivé de l'Occident, il vous

a apporté une fleur blanche et s'est
posé à votre chevet. Il vous souhaite
de vivre heureux pendant de longues
années, de fleurir comme les pommiers et de vieillir comme eux.

D'autres fois, garçons et fillettes
parcourent les rues en chantant à tue-
tête :

> *Bonne matinée*
> *Petit vieux de l'année*
> *Nous donnerez-vous*
> *Refuserez-vous*

et parfois la requête se développe
ainsi :

> *Nous refuserez-vous*
> *Nous donnerez-vous ?*
> *Quelques poires*
> *Pour la soif,*
> *Quelques noix*
> *Contre le froid,*
> *Un p'tit pain*
> *Contre la faim.*

Ou quéques p'tits sous ?
Ou bien dormez-vous
Sens dessus-dessous.

Il est de bon augure de répondre à
ce salut en jetant aux chanteurs des
bonbons de Noël, des noix, des pommes, des poires, quelquefois même
des sous. Les noctambules recueillent
ces dons attendus, dans une musette
qu'ils portent en bandoulière et pour-
suivent, la canne en main (obliga-
toire contre les chiens criards) leur
promenade jusqu'à ce que l'aube les
surprenne.

*_**

Tous ces *membra disjecta* disparus
ou sur le point d'être à jamais abolis,
permettent cependant de reconstituer
la fête primitive de l'antique solstice.
Tout d'abord, la quête aux flambeaux

6

constituait non seulement une circumambulation destinée à protéger le
village ou la ville, en l'entourant d'un
cercle de feu, mais permettait de
réunir à la fois le bois destiné au
bûcher et les victuailles, voire les
victimes, destinées au repas sacrificiel.

Le bouc que les Russes jetaient
jadis dans le chaudron de Noël a
encore son équivalent en Italie. La
Befana, c'est-à-dire la vieille femme
qui représente l'année mourante, est
toujours l'objet d'un véritable sacrifice. Un cortège nombreux, que précède une musique barbare et une
mascarade pittoresque, escorte la
vieille qui porte la fleur de lys et la
quenouille et, arrivé sur la place du
village, la plonge dans le feu monstre
qui lui a été préparé. Et tout aussitôt
commence la *riota della Befana*, fermée
par une ronde d'enfants qui tourne
autour du feu en chantant à tue-tête.

En France, on célèbre la mort de la
vieille en d'autres jours ; mais nous
savons par Du Tillot, citant une raris-
sime brochure de 1645, que parmi les
chansons profanes que l'on mêlait aux
cantiques de Noël, l'une d'elles était précisément consacrée à la vieille. Il est
vrai qu'on l'avait remplacée par le *Ma-
gnificat,* mais en conservant l'air de cette
ronde impertinente dont il cite même
le refrain :

> *Que ne vous requinquez-vous, Vieille,*
> *Que ne vous requinquez-vous donc ?*

Cette vieille est d'ailleurs comme
le phénix, elle renaît de ses cendres.
La flamme du foyer où elle se consume
contribue non seulement à réchauffer
le soleil nouveau et à fortifier sa tiédeur, mais engendre une création
nouvelle, la jeune année belle et rose
comme une aurore.

Après la quête et le sacrifice réno-
vateur, il convient de rappeler les
repas joyeux des quêteurs et le réveillon qui suit encore la messe de minuit,
véritable repas de communion, grâce
auquel on participe à toutes les forces
qui jaillissent alors de toutes parts
auréolant le soleil et l'année nouvelle.

CHAPITRE IV

Les libertés de décembre
et la Fête des Rois.

Les trois jours qui suivent la fête
de Noël, 26, 27 et 28 décembre, consacrés respectivement à Saint-Etienne,
à Saint-Jean l'Evangiliste et aux
Saints Innocents, durant tout le moyen
âge et, jusqu'au début du XIXe siècle,
furent remplis par des cérémonies
burlesques, fêtes des sous-diacres ou

des diacres saouls, fête des fous et fête
des enfants. On y parodiait et, du
même coup, on renforçait l'efficace des
rites de la Sainte Journée.

Ce triduum qui avait primitivement
un but de purification ne déroulait pas
simplement une série de cérémonies
satiriques, mais constituait une sorte
d'accusation publique de tous ceux
qui exerçaient un pouvoir quelconque,
une sorte de confession et d'expiation
exécutée par la voix populaire au profit de la cité.

Les officiants du premier jour étaient
recrutés dans les bacheliers et le petit
clergé : escholiers, clercs et sous-
diacres ; ceux du second jour, parmi
les membres d'une folle confrérie où
figuraient toutes les classes de la
société ; ceux du troisième jour n'é-
taient autre que les enfants (les Innocents) qui, ce jour-là, pouvaient faire

la loi aux maîtres et aux parents. C'est
ce que l'on appelait les *Libertés de
décembre*. La satire s'y exerçait à son
aise, au gaudissement d'un chacun et
l'on n'hésitait pas à y caricaturer
l'hypocrisie et la dissolution, parfois
en de véritables tableaux vivants.

Au commencement du XVIII° siècle,
dans l'église Saint-Etienne, de Dijon,
aujourd'hui la Bourse du Commerce,
on chantait encore une épitre farcie,
c'est-à-dire moitié latine, moitié française. C'étaient deux enfants de chœur
qui débitaient le français sur un ton
de complainte.

Voici le début de celle que l'on
chantait en Picardie, au témoignage
de Dom Grenier :

Epistola Sancti Stephanis protomartyris
Entendez tuit a chest sarmon,
Et clerc et lay tot environ,
Conter vous veuil la passion,

De sainct Esteule le Baron,
Comment et par quel mesproison (outrage)
Le lapidèrent li felon (traître)
Por Jhesu-Christ et por son nom,
La loyere (l'entendrez) bien en la lection,
Lectio Actum Apostolorum
Cheste lechon con chi vous lis,
Sainct Lus l'apele qui le fist,
Fait des Apostres Jhesu-Cherist.
Sainct Esperites li aprit.
In diebus illis, etc.

.*.

On ne se contentait pas d'introduire
le français au milieu du latin liturgique, mais on dansait dans l'église.
Le jour de Noël, après vêpres, les diacres dansaient une antienne à Saint-
Etienne ; le jour de la fête de ce saint,
c'étaient les prêtres ; le jour de la
Saint-Jean, c'étaient les enfants de
chœur ; quant aux sous-diacres, ils se

réservaient le jour de la circoncision ou de l'Epiphanie.

Ces danses étaient d'ailleurs souvent accompagnées de chants tout à fait profanes. En 1473, le concile de Tolède déclare : « Aussi dans nos métropoles, nos églises. cathédrales et autres, la coutume inepte étant aux fêtes de Noël, de Saint-Etienne, Saint-Jean et des Saints Innocents... d'introduire dans les églises des larves, des mons-tres et d'y faire des jeux de théâtre... en outre d'y parler tumultueusement, de pousser des cris, *de chanter des vers et de tenir des discours dérisoires* qui empêchent l'office et détournent l'esprit du peuple des choses pieuses nous défendons... etc.

A Reims, la fête des Innocents de 1490 provoqua de graves incidents. « Les vicaires et les enfants de chœur exécutèrent quelques jeux auxquels

fut représentée la nouvelle façon de
chaperons inventée à Paris depuis un
an, et que portaient aucune femme
bourgeoise de Reims, disant qu'elles
avaient entrepris de singer la façon
des dames de Paris ». Deux personnages en habit de femme y débitaient des
rimes qui pourraient bien être de
Coquillard.

*Femme au chaperon avallé
Qui va les crucifix rongeans
C'est signe qu'elle a estallé*

Et autrefois hanté marchans.

*Femme qui met quand elle s'habille
Trois heures à estre coiffée
C'est signe qu'il lui faut l'estrille
Pour être mieux enharnachée*

D'autres rimes plus déshonnêtes sui-
vaient les premières ; les unes et les
autres indisposèrent les maris de ces
dames et messieurs de la Bazoche qui

répondirent par une *sottie* et un charivari à l'encontre des chanoines. Toute
l'église de Reims én frémit.

Une instruction contre les diffama-
teurs et tapageurs aboutit aux actes
capitulaires des 18, 21 et 23 février par
lesquels tout ce monde était excommunié. « Puis, Nicolas Jacquier, l'un
de ceux qui avaient joué la farce, ne
laissant pas de venir à l'église, ie
chapître fit commandement au soubz
chantre de l'église de le mettre hors,
lui et ses consors ». Après quoi, Messieurs de la Bazoche et leurs consors se
résignèrent au repos.

***

Nous apprenons par la lettre circu-
laire que l'Université de Paris écrivait
aux prélats et aux églises de France,
en 1444, que dans les temps mêmes de

la célébration de l'office divin ; les
ecclésiastiques y paraissaient les uns
avec des masques d'une figure mons-
trueuse, les autres en habits de
femme ; qu'ils élisaient un évêque ou
un archevêque des fous (voire un
pape), qu'ils le vêtaient d'habits ponti-
ficaux, lui faisaient donner la bénédiction à ceux qui chantaient les
leçons des matines et au peuple ; qu'ils
faisaient l'office et y assistaient en
habits séculiers ; qu'ils *dansaient dans
le chœur et y chantaient des chansons
dissolues* ; qu'ils y mangeaient de la
chair jusqu'à l'autel, et proche du célé-
brant ; qu'ils jouaient aux dez, et
faisaient des encensements avec la
fumée de leurs vieux souliers, qu'ils
brûlaient ; qu'ils y couraient et dansaient sans aucune honte ; *qu'ensuite
ils se promenaient dans les villes, sur
les théâtres et dans des chariots* et

qu'enfin pour faire rire le peuple, ils faisaient des postures indécentes et proféraient des paroles bouffonnes et impies. Les plus libertins d'entre les séculiers se mêlaient parmi le clergé ; pour faire aussi quelques personnages de fous, en habits ecclésiastiques de moines ou de religieuses.

Le Père Théophile Raynaud témoigne qu'à la messe du jour de Saint-Etienne, on chantait une *prose de l'âne* qu'il a vue dans le rituel d'une église métropolitaine qu'il ne nomme point, et que cette prose s'appelait aussi la *prose des fous.* Il ajoute qu'il y en avait une autre que l'on chantait à la messe le jour de saint Jean l'Evangiliste, laquelle on nommait la *prose du bœuf.* A Sens, à Narbonne, durant la fête des fous, c'est-à-dire de Noël à l'Epiphanie, les mascarades et les farces allaient leur train troublant les offices par leurs danses, emplissant les églises du tintamarre de leurs cris et de leurs chants.

On peut ranger parmi les chansons profanes des libertés de décembre cette parodie en vers farcis de la séquence de Noël : *Lætabundus exultet*. Un mystère latin sur cette fête la met dans la bouche de Saint-Augustin. Elle circule de très bonne heure en France et en Angleterre. Francisque-Michel l'a découverte dans un manuscrit du XIIIᵉ siècle. Elle a pour titre :

CHANSON SUR L'AIR DE LETABUNDUS

Or hi parra
La cerveyse nos chauntera
Alleluia

Qui que aukes en beyet
Si tel seyt com estre doit
Res miranda !

Bevéz quand l'avez en poin
Bon est droit. car nuit est loing
   Sol de stella

Bevez bien e bevez bel
Il vos vendra del tonel
   Semper clara.

Bevez bel et bevez bien
Vo le vostre e jo le mien
   Pari forma.

De ço soit bien pourveu
Qui que aukes le tient al fu,
   Fit corrupta.

Riches gens funs lur bruit
Feson nus nostre deduit,
   Valle nostra

Beneyt soit li bon veisin,
Qui nus dune payn e vin,
   Carne sumpta,

Ne nostre tonel wis ne fut,
 Kar plein ert de bon frut.
Et si ert tus anuit
   Puerpera

Ce chant bachique se répétait sans doute durant ces trois jours de folie et tout particulièrement le jour de la Saint-Jean, jour solennel pour les buveurs bons chrétiens. On bénit en ce jour le vin à l'église et *l'amour de Saint-Jean* (ainsi s'appelait ce saint breuvage) assurait les plus grands bénéfices sur la terre comme au ciel. Le prêtre, après avoir béni le vin, le présentait à boire aux assistants en disant : *Buvez la charité de Saint-Jean.*

* * *

C'étaient durant ces jours que les enfants de chœur de Chalon-sur-Saône élisaient un évêque des fous. A Romans, à Valence et dans le diocèse de Viviers les *sclaffards* ou les *esclaffards*, c'est-à-dire les clercs et les enfants de chœur, nommaient aux voix

un évêque et un abbé des fous, voire
toute une cour de conseillers. En Flandre, le droit d'élection était réservé aux
bourgeois et l'élu se nommait l'évêque
des sots. C'était lui qui présidait aux
Soties ou aux Sottises dans lesquelles
on satirisait tout particulièrement les
gens d'église. Tous ces fous, ainsi
qu'en témoigne une chanson du XV⁰
siècle, étaient d'ailleurs bons buveurs:

Monsieur l'abbé et monsieur son valet
Sont faiz égaux tous deux comme de cire,
L'un est grand fol, l'autre petit folet.
L'un veut railler, l'autre gaudir et rire
L'un boit du bon, l'autre ne boit du pire.

A Viviers et à Antibes, l'*abbé du
Clergé*, autre nom de l'évêque des fous,
distribuait au peuple des bénédictions
et des indulgences accompagnées de
formules impertinentes dans lesquelles,
par dérision, il souhaitait à ceux qu'il
bénissait quelque maladie ridicule ou

plaisante. A la fin de l'office, l'aumônier disait à pleine voix : *silete, silete,
silentium habete*. Le chœur répondait : *Deo gratias*. L'évêque fou, après
avoir dit *adjutorium*, etc., donnait sa
bénédiction, et l'aumônier prononçait,
en provençal, avec beaucoup de gra-
vité, les indulgences suivantes :

> *De par Monseigneur l'Evêque*
> *Que Dieu vous donne mal à la rate,*
> *Avec une pleine pannetée de pardons.*
> *Et deux doigts de teigne sous le menton.*

ou encore :

> *Monseigneur qui est ici présent*
> *Vous donne vingt pannetées de mal de dents,*
> *Et à tous vous autres aussi*
> *Il donne una coa de Roussi.*

***

Les archives de la cathédrale de Châ-
lon-sur-Marne nous ont conservé une
précieuse relation de la Fête des Fous.

La veille, on dressait un théâtre devant
le grand portail de la cathédrale ; le
jour, on y préparait un festin, qui était
aux frais du chapître. Lorsque tout était
disposé, on allait en procession, environ à deux heures après-midi, en la
maison de la *Maîtrise des Fous*, pour
y prendre l'*évêque des Fous*, monté
sur un âne que l'on conduisait au son
de toutes sortes d'instruments et de
cloches, jusqu'au lieu où était érigé le
théâtre. Là, il descendait de son âne,
qui était paré d'une belle housse et autres magnifiques harnachements. *L'é-
véque des Fous*. revêtu d'une chape,
coiffé d'une mitre, portant la croix pec-
torale, les gants et la crosse, montait
sur le théâtre, s'asseyait à table avec
ses officiers : ils mangeaient et bu-
vaient ensemble ce qu'on leur avait
préparé, suivant leur goût. C'était ordinairement les chanoines les plus qua-
lifiés qui composaient la *Maison des*

Fous. On remontait sur le théâtre pour y boire et manger, et, pendant ce second repas, où l'*évêque* figurait sur une estrade, les chapelains, les chantres, les bas officiers se divisaient en trois bandes.

« La première restait autour de l'église et aux environs du théâtre, comme pour y servir de sentinelle. La seconde était dans l'escalier même, y chantait certains mots confus, vides de sens, faisant des grimaces et des contorsions horribles : et la troisième parcourait le cloître et les rues. Après le repas, ils allaient chanter avec beaucoup de précipitation les vêpres ; lorsqu'elles étaient finies, deux chantres et le maître de chapelle, battant la mesure, chantaient en musique un motet que l'on trouve encore dans le cérémonial de la cathédrale, et dont voici les paroles :

« *Chantons à pleine voix et répétons,
dans ces jours où il nous est permis de
nous livrer à la joie, en présence de
tous, Honneur, gloire et louange à
Saint Etienne*

*Que chacun prenne part au festin et
mange à discrétion. Allons, buvez ;
buvez encore les vins les plus exquis.*

*Et alors, amis et bons enfants, ap-
plaudissez, faites entendre des cris de
joie avec nous, car c'est aujourd'hui
notre fête et nous voulons la célébrer
par de joyeuses gambades.*

*C'est pourquoi chassez tout noir
souci et réjouissons-nous aujourd'hui
et jusqu'à la consommation des siècles.
Ainsi soit-il.* »

Après le motet, on faisait une caval-
cade devant et autour de l'église ; ensuite, dans les rues adjacentes, avec
des hautbois, flûtes, harpes, flageolets,

basses, tambours et autres instruments
faisant beaucoup de bruit.

Après avoir parcouru le cloître, et les
environs, ils allaient par toute la ville,
ayant en tête une troupe d'enfants portant des flambeaux, des encensoirs et
des falots. Arrivés au marché, ils
jouaient à la paume, *adventantes simul
forum ludunt ad palmam.*

Après le jeu, la danse, et surtout de
grandes cavalcades recommençaient. Au
retour, une partie du peuple suivait les
chanoines, et une autre réunie devant
l'église avec des chaudrons et des mar-
mites de cuivre et de fonte, frappait
ces divers ustensiles l'un contre l'autre
et faisait un charivari effroyable, en
poussant de longs hurlements. Pendant
cette symphonie burlesque, on sonnait
toutes les cloches, et le clergé s'habil-
lait d'une manière grotesque et bouf-
fonne.

.*.

Ces chansons des Libertés de décembre avaient souvent un caractère
libertin ou grivois et je ne serais pas
étonné que cette ronde farcie du milieu
du XVIe siècle ait appartenu au réper-
toire de quelque confrérie de fous :

Vous qui aymés les dames,
Au signe gemini.
Ne leur faistes nul blasme,
Mais supplicamini :

Tatés leurs mamelettes,
Et obsculamini :
Leurs petites cuissettes,
Lors aplectamini ;

Si deux fois vous le faites,
Sans contradimini,
Vos amours sont parfaites,
Sed non loquimini

Mettez-vous en ouvrage
Sed operamini
On vous dira courage
Cum revertimini.

La fête des Innocents n'étant que la
suite des deux fêtes de Saint-Etienne
et de Saint-Jean, la fête des fous recevait parfois le nom d'Episcopat des
enfants. A Vienne, en Dauphiné, l'évêque des Innocents, élu dès le 15
décembre, ne cessait de figurer en
diverses cérémonies jusqu'à l'Epiphanie. Le 17° canon du concile de Salz-
bourg, en 1274, s'exprime ainsi : Quant
à ces jeux nuisibles dénommés vulgairement les *Eptus Puer*, c'est-à-dire
l'épiscopat des enfants (episcopatus
puerorum), au milieu desquels il se
passe des choses très inconvenantes
dans les églises, et qui sont cause de
fautes considérables et de graves dom-
mages, nous les défendons absolument

aux ecclésiastiques, à moins toutefois
que les acteurs ne soient âgés de moins
de seize ans, et pourvu qu'il n'y ait
aucune personne plus âgée ni parmi
les enfants, ni présentes.

Odon Rigaut, qui occupa le siège de
Rouen vers la fin du XIII⁸ siècle, pré-
lat fort zélé pour tout ce qui concernait
le culte, a laissé une sorte de journal
où il consignait ses observations. Il
trouva des pièces farcies chez les religieuses de Caen. *In festo Innocentum
cantant lectionnes suas cum farsis.*
Il parle d'un jeu populaire qu'il trouva
chez les clercs d'une église de Gour-
nai : *dissolute et scurriliter* (avec des
bouffonneries) *se habebant descendo
choreas per vicos et faciendo le virili*
et le virelai était un poème composé
de petits vers sur deux rimes. Dans
ce même registre sont réprimandées
les religieuses de Montivilliers. *Nimia*

jacositate et scurrilibus cantibus est pote farcis conductis (cantiques) *motobis* (motets).

La fête des Innocents avec ses rondes et ses chants bouffons se célébrait volontiers dans les cloîtres, tant parmi les religieux que les religieuses. Ils estimaient sans doute et non sans raison que leur vie pouvait compter parmi les plus innocentes. Bien entendu, chanoines, bourgeois et valets ne manquaient guère de s'associer à ces mascarades et à ces jeux, parfois au grand dam de la paix publique, toujours aux dépens des bonnes mœurs.

Au temps de Charles V, la succession des cérémonies qui emplissait l'intervalle entre Noël et les Rois, était considérée comme une seule et même fête émanée des anciennes saturnales romaines. Paul Jove embrasse toute la série des fêtes qui se succédaient

alors, sous le nom générique de Nata-
litia. On ne doit donc pas s'étonner si
la date de la fête des fous variait selon
les pays. Les Belges ne la célébraient
que du 1er au 6 janvier et parfois même
plus tard. Au XVIIe siècle, le roi de
l'Epiphanie régnait de la veille de
Noël jusqu'au 6 janvier ; aujourd'hui
la royauté ne s'exerce plus que la vigile
et le jour des Rois. Jadis un homme
de qualité, en Angleterre, aurait cru
déchoir s'il n'avait pas tenu table
ouverte durant douze jours ; on se
contente maintenant du réveillon qui
suit la messe de minuit et des festins
du roi boit au jour de l'Epiphanie.

L'église, pour arrêter ce déborde-
ment des jours de joie à la fête des
Rois, y avait accumulé les commé-
morations · Visite des mages à la crè-
che, baptême de Jésus, changement de
l'eau en vin. On doit reconnaître

qu'elle a réussi dans une large mesure ; mais ce dernier jour de fête est
demeuré une solennité des plus populaires. De nouvelles quêtes, un banquet nouveau, l'élection d'une infinité
de rois éphémères chargés de distri-
buer les grâces et les forces qui sur-
gissent de toutes parts à cette époque,
apportent l'efficace à toute la série de
ces rites de renaissance et d'épanouis-
sement.

··

C'est la veille de l'Epiphanie que
dans certaines régions on pratique
l'exorcisme des taupes et des mulots à
torches allumées. A Saint-Waast et à
Réville, en Normandie, des centaines
d'enfants armés de collinettes ou
flambarts parcourent le pays en criant:

Taupes et mulots
Sors de mon clos
Ou je te mets le feu sur le dos.

Dans le pays Bessin, l'incantation est beaucoup plus développée, l'exorcisme s'y accompagne de souhaits de fécondité.

Couline vaut lolot,	*La couline donne du lait*
Pipe au pommier,	*Une pipe au pommier*
Guerbe au boissey,	*Un boisseau à la gerbe*
Bieurre et laict,	*Du beurre et du lait*
Tout à planté,	*Tout en abondance*

Adieu Noël,
Il est passé.

Couline vaut lolot,
Pipe au pommier,
Guerbe au boissey,
Bieurre et laict,
Tout a planté.
Noël s'en va,
Il reviendra,

Couline vaut lolot,
Pipe au pommier,
Guerbe au boissey,
Bieurre et laict,
Tout a planté.

> *Taupes et mulots*
> *Sors de mon clos,*
> *Ou je te casse le dos.*

⁂

Après l'exorcisme de la vigile venait la quête du soir des Rois, quête de bouche, bien entendu. Dans certaines régions il n'y avait guère que les mendiants qui se présentaient aux portes pour demander la part à Dieu. Dans le Louhannais, ils psalmodiaient une sorte de complainte plus ou moins patoisée, mêlée de vœux :

> *Bonsoir à la compagnie*
> *De cette maison*
> *Je vous souhaite année jolie*
> *Et biens en saison.*

> *Je suis de pays étrange*
> *Venu en ce lieu,*
> *Pour demander à qui mange*
> *Une part à Dieu*

Apprêtez votre fourchette
Et vot' couteau,
Pour nous donner une miette
De votre gâteau.

Nous retrouvons le même compli-
ment en Normandie tout au moins
pour les deux premiers couplets. Voici
la suite :

Amis puisque nous sommes ensemble
Faut savoir qui est le roi,
En chantant à tête nue,
En chantant tout d'une voix :
Le roi boit, le roi boit,
La part à Dieu s'il vous plait.

Amis puisque nous sommes ensemble
Il faut avoir un gâteau,
C'est au plus vieux que nous sommes
A le couper en morceaux.

Voilà coupée la fallue,
Faut savoir qui est le roy,
En chantant à tête nue,
En chantant tous d'une voix :
Le roi boit, le roi boit
La part à Dieu s'il vous plait.

Dépêchez-vous, je vous prie,
De nous renvoyer,
A une autre compagnie,
Pour la saluer.

Les Bressans ironiques avec lenteur
chantent en traînant :

Madame de séant qui êtes à votre aise,
Les deux pieds vers le feu, le cul sur votre
                                        [chaise

REFRAIN

Pour Dieu, pour Dieu, donnez-nous un peu
De la part à Dieu Madame,

2

Si vous ne voulez pas nous en donner,
Nous faites pas attendre,
Nos souliers sont percés
Nous avons les pieds tendres,
Pour Dieu, etc.

A Epinal, la formule des chanteurs
était plus énigmatique :

J'ai cinq enfants dans mon panier,
Et moi fait six.
Donnez-moi la part du Roi,
Si la Reine u est encore.

Ces usages ont disparu. Faut-il avec
Jean le Houx en accuser la chiche avarice des bourgeois

Mais par la chiche avarice,
Les bourgeois de qualité
Ont ce dévot exercice
Aux (pauvres mendiants) quitté.

L'avarice n'est pas la seule coupable,
il faut y ajouter une désaffectation et
une incompréhension de toutes les
coutumes du passé.

* *
*

Dans l'Est, de jeunes garçons et des
enfants se déguisent encore en rois

8

mages pour aller quêter de porte en
porte. Dans le Doubs, « ils forment un
groupe de trois personnages affublés.
par dessus leurs vêtements, d'une longue chemise blanche serrée à la taille
par un ruban de couleurs ; ils se coif-
fent de bonnets pointus en carton,
décorés d'une étoile en papier doré et
de rubans flottants ; c'est ce qu'ils
appellent leurs diadèmes. L'un d'eux,
la figure barbouillée de suif, représente
Melchior, le roi nègre. Ils portent de
longs bâtons surmontés d'une étoile
qu'ils font constamment tourner. Ainsi
accoutrés ils vont chantant la chanson
suivante :

Trois rois nous sommes rencontrés
Venant de diverses contrées :
Nous sommes ici tous trois venus
Pour adorer l'enfant Jésus,

En quinze jours quatre cent lieus
Nous avons fait' en cherchant Dieu,

Une étoile d'or nous a conduits
Qui nous éclairait jour et nuit.

En Orient l'ayant cherché
A Bethléem l'avons trouvé,
Nous lui avons fait nos présents
D'or, de myrrhe et puis d'encens.

A l'étable en ce pauvre lieu,
Là où est né le fils de Dieu,
L'âne et le bœuf à l'entour
Qui le réchauffait nuit et jour.

Le roi Hérode, ce méchant,
Nous demande de cet enfant,
Pour l'adorer ainsi que vous ·
Ce vilain traître en est jaloux.

Après la chanson vient la quête. C'est généralement le roi nègre qui sollicite les écoutants en secouant une tirelire ou en présentant un panier dans lequel chacun, selon sa générosité, met un œuf, des noix, des noisettes, une pomme, etc. Jadis, au temps où l'on filait, il n'était pas rare qu'on donnât un *étoupon* (poupée de chanvre).

Dans l'arrondissement de Pontarlier, les quêteurs chantent une chanson tout à fait différente de la première.

C'est aujourd'hui le six janvier
Tous les rois nous viennent chanter
En chantant, en chantant,
Vive le roi, la reine qui boit !

Le gâteau est sur la table
Le couteau qui le regarde
En chantant, etc...

Monsieur, si vous êtes roi,
Vous êtes des plus adroits,
En chantant, etc...

Vous en serez récompensé,
Pendant toute l'éternité,
En chantant, etc...

Monsieur, si vous êtes de la troupe
C'est pour mieux casser la croûte
En chantant, etc...

Monsieur, si vous êtes bonne gent
C'est pour nous donner de l'argent,
En chantant, etc...

Si vous n'voulez rien donner
Ne vous faites pas tant prier,
En chantant, etc...

Car le froid en fait assez
Vous devriez bien le penser,
En chantant, etc...

Dieu bénira la maison
Les poutres et les chevrons,
En chantant, etc...

Le père, la mère également,
Les enfants pareillement,
En chantant, etc...

En Champagne, les quêteuses demandaient du vin :

Si vous avez du vin clairet,
Donnez-nous en un gobelet
Nous le boirons (bis).

Cette quête se terminait naturelle-
ment par un repas. Dans le Berry,
Leurs Majestés, de retour à la ferme,
pensaient sagement n'avoir rien de
mieux à faire que de se remettre à
table ; car bien manger, bien boire,
bien rire c'était véritablement pour
nos bons rois s'occuper *d'affaires d'E-
tat*, et c'est parce que tous firent preuve
à un éminent degré de ce *triple talent*
que leur règne n'est pas encore aboli.

*   *
*

Dans certains villages (où la chris-
tianisation du rite est tout à fait com-
plète) la quête est faite au profit de
l'église ; mais le curé offre à diner aux
quêteurs. De toutes façons la cérémonie essentielle demeure.

Ces repas ont évidemment une efficacité magique, les aliments sont alors

tout chargés de ces forces nouvelles
que rayonne le nouveau soleil. Ils se
terminent d'ailleurs par des danses
et des rondes dans lesquelles se récon-
cilient les fous et les gens de bon
sens, les sots et les personnes raison-
nables ! Les gens graves redeviennent
les maîtres et tous les Innocents re-
prennent la route de la discipline,
ainsi que les étoiles dans le ciel.

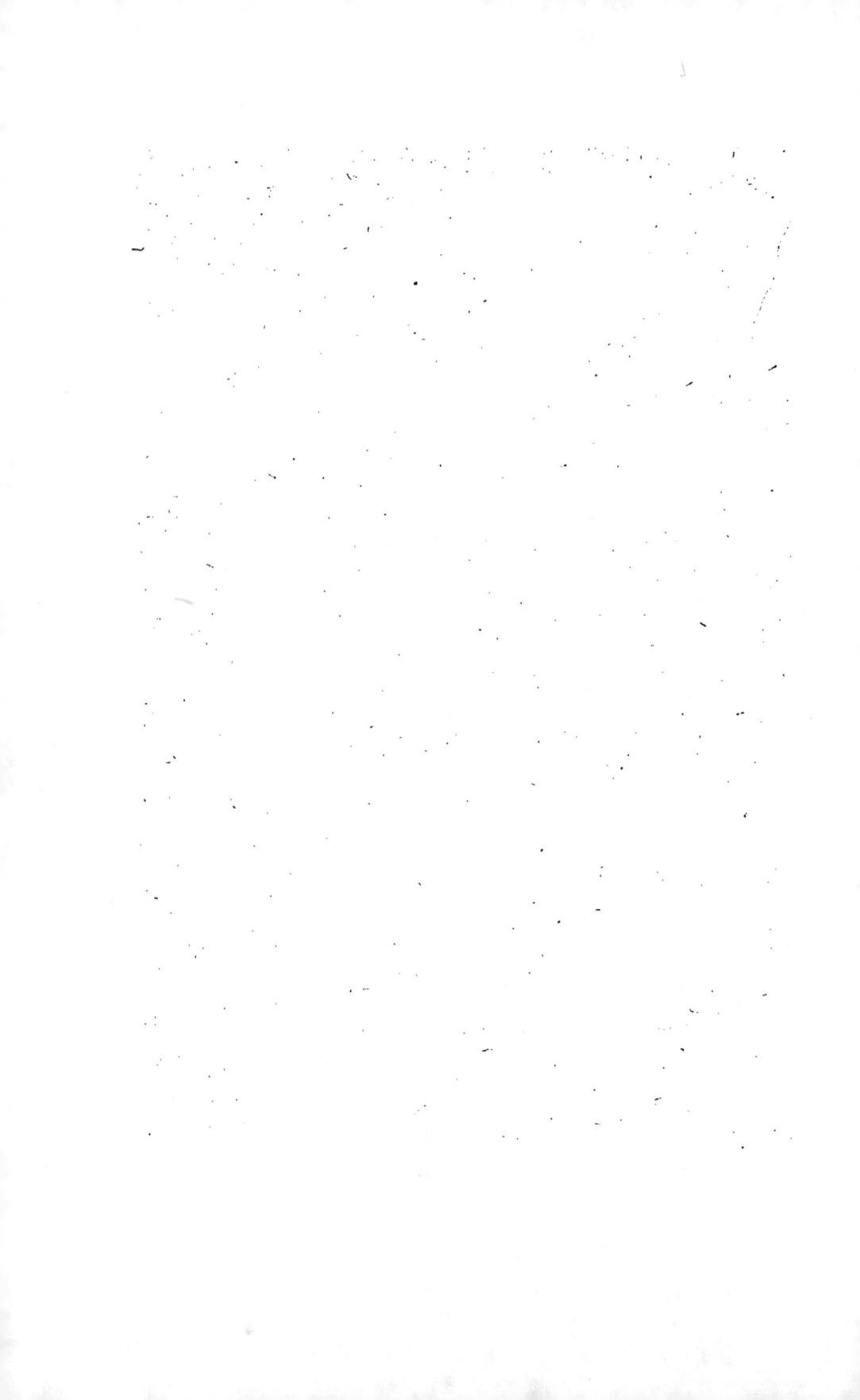

CHAPITRE V

Le nouvel an
Les souhaits et les étrennes

L'ouverture de l'année civile est une sorte de doublet profane de Noël ou de l'ouverture de l'année religieuse. Rien d'étonnant à ce que nous retrouvions alors les rites qui se pratiquent pour la Noël. Dans certains villages franc-comtois, la veille du 1er janvier les jeunes gens, surtout les enfants,

fabriquent des torches grossières avec
des bouchons fendus plusieurs - fois
aux extrémités. A la tombée de la nuit,
ils montent sur la hauteur : quand le
pays est plat ils se rendent tout bon-
nement au milieu des champs et là ils
allument leurs torches en sautant et
en criant :

Bonne année reviens,
Ramène du pain
Du vin
De tous les biens :
Des nézilles (noisettes)
Pour les filles,
Des échaulons (noix)
Pour les garçons.

Il y en a qui ajoutent :

Des croûtes de pain moisi pour les vieilles
[femmes.

La quête des étrennes a été univer-
selle, mais elle se fait plus généralc-
ment le jour même du nouvel an et

sans flambeau bien entendu. Elle présenté le double caractère d'incantation et de quête proprement dite. Partout les souhaits s'accompagnent d'une demande d'étrennes.

Les souhaits ne sont que la survivance d'un véritable chant incantatoire dont les quêteurs des Hautes-Vosges sont à peu près seuls à nous avoir conservé une formule un peu développée.

I

C'est aujourd'hui le nouvel an : (bis)
Je vous souhaite la bonne année
Et une parfaite santé

Refrain

Et une heureuse année,
Et une parfaite santé,
Et toutes sortes de prospérités

II

Que Dieu bénisse votre maison (bis)
  Et tous les gens qui sont dedans
  Les petits comme les grands !

III

Que Dieu bénisse votre cave (bis)
  Et tout le vin qu'il y a dedans
  Le rouge comme le blanc !

IV

Que Dieu bénisse votre écurie (bis)
  Les animaux qui sont dedans
  Les petits comme les grands !

V

Que Dieu bénisse votre jardin (bis)
  Et tout les fruits qui sont dedans
  Les petits comme les grands !

Dans la plupart des localités, les souhaits se réduisent à une formulette.

Dans mon enfance, il passait plus de deux cents quémandeurs à la maison paternelle. Chacun d'eux recevait un sou après avoir dit :

— *Je vous souhaite une bonne année*
Une parfaite (ou une bonne) santé
Le paradis à la fin de vos jours.

L'Autunois ne diffère guère, sous ce rapport, du reste de la Bourgogne. Les formules bretonnes semblent être autant de fragments d'un ancien chant :

Je vous souhaite une bonne année
Plusieurs autres à la suite
Et les joies du Paradis à la fin de vos jours

Je vous souhaite une bonne année
Vaches, chevaux et cochons
Etoupe et lin
Et le Paradis à la fin.

Bonne année je souhaite
A tout chacun de cette maison
Au père, à la mère, aux enfants
Et aux domestiques aussi

Ce sont, d'ailleurs, partout les mêmes formules. En Provence :

Bonne année
Accompagnée de beaucoup d'autres
De tant que le bon Dieu voudra

A Cleveland, dans le nord de l'Angleterre :

Je vous souhaite un joyeux Noël
Et une heureuse année
Un garde-manger plein de roast-beef.
Et une tonne de bière.

Dans certaines localités du Hainaut, on va rappelant :

Bon an, Bonne année
Mon ventre est troué
Donnez-moi une étrenne
Pour mettre devant

En Bresse Louhannaise, les enfants,
plus ou moins déguisés et *mâchurés*,
allaient chantant :

> *Voici le bon an qu'a veni*
> *Tout le monde en est redjoyi*
> *Dieu vous baille une bonne annaie*
> *Tant bonn'annaie que vos souhaitai*

Et après avoir reçu le petit don, les
chanteurs terminaient :

> *Dieu bénisse cette maison*
> *Père, mère et biaux gâchons*
> *Et tous les gens qui dedans sont.*

Mais s'ils n'avaient rien reçu :

> *Dieu vous donne des rattes, assez,*
> *Ni chin, ni chat pou les attrapé.*
> *Point de bâton pou les tué*

Même lorsque ces souhaits ne s'accompagnaient pas d'une demande

d'étrennes, ils n'y visaient pas moins.
En cas de refus, on souhaitait à l'ava-
ricieux mille choses pénibles et désa-
gréables, De là ces formules étranges
recueillies en Beauce et en Normandie.

— *Je vous souhaite une bonne année de pain*
[*tendre.*
Que la mie vous étouffe et que la croûte vous
[*étrangle.*
Je vous souhaite une bonne année
Avec la teigne et la diarrhée,

Il faut ranger dans cette catégorie,
cette formulette bretonne :

— *Santé et prospérité*
Aussi longue que la queue d'une grenouille.

Ces malédictions sont simplement
tenues pour des plaisanteries ou des
traits humoristiques ; il fut un temps
où elles furent redoutées.

*
* *

Mais laissons-là ce vilain petit côté
d'un jour généreux où tout doit viser
à la joie. Les amoureux ont inventé
une façon plus énergique d'exprimer
leurs souhaits. Oyez cette chanson,
recueillie dans le Haut Boulonnais :

LES DOUZE MOIS DE L'ANNÉE

I

Le premier mois de l'année (bis)
Que donnerai-je à ma mie
      Une partriole
Qui va, qui vient, qui vole
      Une partriole
Qui vole dans ce bois.

II

Le second mois de l'année (bis)
Que donnerai-je à ma mie
Deux tourterelles

9

Une partriole
Qui va, qui vient, qui vole
Une partriolc qui vole dans ce bois

Et ainsi pour les douze mois de l'année en ayant bien soin que chaque fois une nouvelle troupe plus nombreuse d'une unité vienne grossir l'offrande :

Au troisième mois, Trois avis au bois
Au quatrième mois, Quat' canards volant en l'air
Au cinquième mois, Cinq lapins grattant la terre
Au sixième mois, Six lièvres aux champs
Au septième mois, Sept chiens courants
Au huitième mois, Huit moutons blancs
Au neuvième mois, Neuf bœufs avec leurs cornes
Au dixième mois, Dix poules pondant
Au onzième mois Onze coqs chantant
enfin Au douzième mois, Douze chevaux avec leurs selles

Cette chanson énumérative a non seulement valeur d'incantation, mais la répétition à chaque couplet de toute

la série des dons précédemment offerts
doit en renforcer l'effet de telle sorte,
comme le veulent certains souhaits,
que la fin en soit encore meilleure que
le commencement.

*
* *

La raison de tous ces souhaits ne
nous apparaît plus que vaguement
aujourd'hui, ce sont des marques de
sympathie, des témoignages d'amitié
sans plus. Au temps d'Ovide, ils
avaient encore une valeur religieuse.
Le poète demande à Janus : « Pourquoi au jour de vos Calendes, ces
souhaits de bonheur, ces paroles bien-
veillantes, que nous échangeons entre
nous ? Alors (le dieu). s'appuyant sur
le bâton qu'il tenait de la main droite,
lui répond : *Un présage est attaché*

*au commencement de toute chose ;
toute première parole est écoutée avec
une attention craintive ;* c'est l'oiseau,
aperçu le premier, qui porte l'augure.
Les temples viennent de s'ouvrir ; les
dieux prêtent l'oreille ; aucune des
prières que prononce la bouche des
mortels n'est perdue, chaque syllabe
en retentit aux cieux ».

Ce n'était déjà qu'une interprétation
religieuse d'un rite magique qui, en
associant la parole aux mouvements
célestes, la faisait participer au pouvoir rayonnant des astres, enga-
geait leurs premières démarches et
leur influence dans la voie qu'ils expri-
maient.

Pour s'être dégagés de la religion et
de la magie, et en quelque sorte laïci-
sés, les souhaits n'en gardent pas
moins, de leur origine première, une
valeur morale. Ils opèrent encore un

dégagement de bienveillance, de gentillesse et d'affection. Ces fruits, pour avoir été greffés sur de vieux arbres, dont le tronc se dessèche, n'en ont pas moins de saveur pour les âmes sentimentales, voire pour le sage et le philosophe.

*
* *

La liturgie du jour ne se borne pas à des souhaits. En fait, la grande préoccupation du premier janvier, ce sont les étrennes. Dans quelques régions, les souhaits enveloppent assez habilement les demandes de cadeaux. Tel est le cas au pays de Montbéliard :

LE BON AN

Voici le bon an qui est venu
Voici que tout le monde est réjoui
Autant les grands que les petits

Dieu vous mette dans une bonne année
Dans une bonne année si vous rentrez
Jetez-nous de vos bonnes côtes
Qui sont pendues à vos perches à rôtir

Refrain

Que Dieu vous donne le bon· an (bis)
Dieu vous mette dans une bonne année
Dans une bonne année si vous rentrez.

Jetez-nous de vos bons jambons (bis)
Qui sont pendus à vos bâtons.

Jetez-nous le porc tout entier (bis)
Les oreilles et les quatre pieds

Coupez au lard sans regarder (bis)
Mais prenez garde de vous couper

Baillez-nous de vos noix (bis)
Qui sont dans la chambre à côté.

Baillez-nous de votre bon tourteau (bis)
Qui est dans l'arche au pied de votre lit,

Une poignée d'argent sans compter (bis)
Mais prenez garde de vous tromper.

Puis viennent les souhaits :

L'enfant qui est au berceau couché (bis)
De la main de Dieu soit soigné

Que Dieu bénisse cette maison (bis)
Tout par le milieu tout par le sommet.

Et le maître de la maison (bis)
Dieu lui donne bonne foison.

Et cela continue. Au reste, le nombre des couplets, tant ceux des souhaits que ceux des demandes, varie selon les circonstances.

En général, on se contente de formulettes. Jadis, les enfants bretons, même ceux de la classe aisée, allaient dans toutes les maisons et disaient :

J'vous souhaite une bonne année couleur de
                                        [rose,
Fouillez dans vot' poche et me donnez quelque
                                        [chose.

Les Beaucerons s'expriment d'une
façon moins poétique :

Je vous souhaite une bonne année de son
Fouillez dans votre poche et donnez-moi quel-
[que chose.

En Auvergne, on est plus bref :

Bon zou bon on
Les estrennes vi demandons

Dans le pays basque, les enfants
vont frapper aux portes en chantant :

Pie ! haur ! haur ! haur ! haur !
Pomme et noix !
Pie ! hera ! hera !
Pomme et poire !
Etrennes !
Le plus possible !
S'il n'y a pas d'autre chose
Des tresses de maïs !

*
* *

Mais il est inutile de multiplier ces
formules dont on pourrait relever

d'innombrables variantes ; il sera pré-
férable de rappeler quel fut jadis le
rôle des étrennes. Chacun sait qu'elles
ont une origine païenne. Etrennes
vient de *Strenae*, mot qui désignait
déjà, chez les Romains, les dons que
l'on échangeait à l'occasion de certaines fêtes et particulièrement aux
calendes de Janvier. Les étymologistes
latins ne sont pas d'accord sur l'origine
du mot *strena*. Festus écrit : on
appelle ainsi un présent que l'on faisait
en signe de bon présage, du nom de
nombre qui marque qu'il en viendra
un second et un troisième de même
avantage, comme si l'on disait *trena*
(terna) en faisant précéder ce mot de
la lettre *s* ».Cette hypothèse, plus ingé-
nieuse que vraisemblable, n'en est pas
moins fort instructive ; elle nous
apprend que les étrennes sont des
dons d'heureux présage (*bonum*

omen), ce qui nous est d'ailleurs confirmé par Plaute qui prend le mot étrenne dans le sens de bonne fortune et de bon augure. En réalité, l'étrenne est plus encore, c'est un don magique qui entraîne la multiplication de ce qui est alors offert. Un témoignage, attribué à Saint-Augustin, est, à cet égard, décisif.

« Il se trouve des gens, dit-il, qui aux calendes de janvier, reçoivent et rendent des étrennes diaboliques..., la plupart, surtout les habitants de la campagne, mettent à leur porte, pendant la nuit qui précède le 1ᵉʳ janvier, des tables chargées de toutes sortes de viande au service des passants, et ils se persuadent qu'une telle libéralités assure à son auteur une abondance égale sur sa table pendant tout le cours de l'année ! »

Quant à la raison qui faisait attribuer

une telle vertu à ces offrandes, elle est bien claire. La générosité n'est ici qu'une preuve d'abondance et l'abondance du début de l'an assure celle de l'année entière.

Mais revenons à notre étymologie. Certains auteurs font dériver le mot strena du mot sabin (synonyme de Sanitas ou Santé). Et peut-être ont-ils raison. En tous cas, il est certain qu'il s'est établi une confusion entre l'usage des *strenae* et le culte de la déesse *Strenia* qui est une personnification de la Santé. Symmaque fait remonter à l'époque du roi Sabin Tatius, l'habitude d'offrir comme don de nouvel an des rameaux sacrés coupés dans le bois de *Strenia*. La nature des objets qui étaient offerts précisait le sens du présage ou plutôt de l'action magique du présent. Le laurier et l'olivier préparaient une année de

triomphe ; les dattes, les figues et le
miel, une année de douceur ; Ovide,
s'adressant à Janus, lui demande :
« Que signifient les dattes, les figues
séchées, le miel dans un vase blanc
que les Romains s'offrent alors ? Ce
sont autant de présages, reprend le
dieu ; on souhaite par là que l'agréa-
ble service du présent se retrouve
dans la destinée, et que l'année, dans
son cours, soit exempte de toute amer-
tume ». Dans le Bourbonnais, en 1854,
on se donnait pour étrennes un *jô* ou
coq façonné en pâte dans un moule
avec deux brins de bois en guise de
pattes. Il se vendait des *jôs* par mil-
liers. L'oiseau dont le chant ramène
le jour doit aussi pouvoir contribuer
à ramener le soleil du nouvel an.

*
* *

En général, dans nos campagnes
françaises, les étrennes consistaient

surtout en gâteaux de seigle ou de froment, en fruits : noix, pommes, poires, en lard et en jambon. Elles tendent surtout à assurer la multiplication magique des porcs et des fruits. Tertullien, parlant des Calendes de janvier, s'écriait : « Les étrennes marchent, les présents volent de toutes parts. Ce ne sont, en tous lieux, que jeux et banquets. Les païens gardent mieux leur religion, car ils n'ont garde de solenniser aucune fête des chrétiens de peur qu'ils ne le paraissent, tandis que nous, nous ne craignons de paraître païens en faisant leurs fêtes. »

Les conciles lui font écho. Le concile d'Auxerre, en 578, déclare qu'il n'est pas loisible de se déguiser en bœufs ou en cerfs aux Calendes de janvier, ni d'observer l'us diabolique des étrennes, « et en 792, le fameux concile *in Trullo* ou de *Constantinople*

promulgue : « Tout ce qu'on nomme
Calendes, Vœux, Brumaires (ou Brumales) seront désormais anéantis ».
Le premier concile de Rome (743) allait
plus loin et anathématisait les tenants
de la vieille coutume. « Quiconque
aura osé fêter les calendes de janvier,
tenir table ouverte, ou danser et chanter sur les rues et sur les places, ini-
quités très graves aux yeux de Dieu,
qu'il soit anathème. »

L'église s'opposait aux étrennes non
seulement à cause de leur valeur comme rite magique, elle disait diabolique,
mais parce qu'elles étaient liées à
d'autres pratiques païennes, telles que
les banquets et les sacrifices, les
chants et les danses et constituaient,
en outre, une sorte d'iniquité sociale.
Oyez plutôt Maxime, le saint évêque
de Turin.

D'où vient cette habitude où vous
êtes de vous lever de grand matin et

de paraître en public avec des présents,
c'est-à-dire des étrennes à la main,
chacun de vous s'empressant d'aller
saluer son ami, et de le saluer par le
don avant de le saluer par le baiser
fraternel. Jugez vous-même de ce que
peut valoir un tel baiser, baiser vénal,
d'autant moins estimable, qu'il est
acheté plus cher !

Car au point de vue de l'équité.
n'est-il pas injuste que ce soit l'inférieur qui donne à son supérieur, et
que celui-là soit obligé de faire à un
riche des largesses, qui peut-être
emprunte ce qu'il donne ? Et une telle
munificence, cela s'appelle des étrennes ; on l'appellerait plus justement
d'un autre nom et strenum (zèle ar-
dent) ».

* *

L'église essaya de muer cet usage en
un autre plus chrétien. Versez-nous

vos offrandes, disait-elle, ou avec Saint-Augustin. « Les païens donnent des étrennes, vous chrétiens donnez des aumônes ».

Sous cette influence, de nouveaux chants de quête sont nés. Oyez cette chanson de Franche-Comté :

Bonsoir Messieurs et Dames !
Je viens vous annoncer
Une nouvelle année
Qu'nous allons commencer.
Prions Dieu par sa grâce
Qu'il daigne nous accorder
Une santé parfaite
Pendant plusieurs années.

C'est moi qui vous en prie
Chrétiens, dès aujourd'hui,
Il faut changer de vie
Pour plaire à Jésus-Christ,
Il faut faire l'aumône
Et d'autres charités
Sachant que Dieu vous donne
Tout ce que vous avez.

L'on a bien de la peine
Pour amasser du bien :
La chose en est certaine
Que nous n'emportons rien.
L'on va faire la ronde
Que nous n'y pensons pas :
L'on va dans l'autre monde
 Sans penser au trépas.

Et vous pères et mères
 Qu'élevez des enfants,
Tâchez de les instruire
Qu'ils soient obéissants
Afin que notre maître
En soit glorifié ;
Qu'au son de la trompette
Nous soyons préparés.

Les pays où de tels cantiques ont
réussi à s'imposer sont rares. Ils n'y
ont pas fait disparaître d'ailleurs les
anciens chants de quête. En Grèce, et
particulièrement à Lesbos, les chants
du nouvel an, bien que fortement

christianisés, sentent encore étrange-
ment le paganisme. Voici une *kalada*
de Lesbos :

Commencement du mois, commencement de
            l'an
   O mon frêle romarin !
Et commencement de l'heureuse année
   Eglise avec un tronc saint !
Commencement où Christ est venu
Se promener sur la terre
Pour nous rendre heureux
Il passa et salua
Tous les laboureurs.
« O saint Basile, ô seigneur,
Combien de mesures sèmes-tu ?
— J'en sème douze de blé
Et quinze d'orge ;
J'en sème aussi dix-huit de pois,
Là bas près de la mer.
Mais lièvres et perdrix
Me l'ont mangée,
Je prends mon fusil
Pour aller les tuer.
Je n'ai ni tué de lièvres
Ni attrapé de perdrix.

Mais j'ai moissonné et j'ai battu
Tout ce qui restait
Au moment où je battais
Voilà Christ qui passe.
Il s'arrête et le bénit
De sa main droite
De sa droite et de sa gauche
  Les dorées,
Et là où le Christ s'est arrêté
Un arbre d'or a poussé ;
Et là où il a posé son pied
Un cyprès élégant.
Au milieu était le Christ,
Aux branches les Evangiles,
Et au bas, au pied,
Une source cristalline ;
Les perdrix y sont descendues,
Elles se sont mouillées les ailes,
Et ont fait rejaillir l'eau sur leur maître
Dans leurs bras qui vivra longtemps
  Le vivace
Et sera renommé au monde.

En réalité, la lutte du paganisme et du christianisme dure toujours ; mais si le combat devait cesser faute de

combattant, le vieux rite survivrait
encore. Le populaire n'abandonne
jamais qu'à regret une coutume, qui
malgré tout, conserve un parfum de
magie. Les derniers relents de ce parfum, presque évaporé, n'est-il pas
encore tout embué de mystère ?

*
* *

Dans la persuasion que les souhaits
et les actes accomplis au début du nouvel an, avaient une répercussion magique, tous les corps d'artisans étaient
représentés parmi les quêteurs. Ils
s'en allaient de maison en maison avec
les outils de leurs professions, et
accompagnaient leurs chants des bruits
caractéristiques de leurs métiers. Les
forgerons frappaient l'enclume, les
laboureurs heurtaient leurs socs de
charrue, les bergers, vêtus de peaux de

brebis, étaient précédés par des enfants armés de sonnettes. Chacun accomplissait, sans doute, quelque geste caractéristique de son état. Ils assuraient ainsi à tous la coopération de tous, et s'assuraient à eux-mêmes l'abondance et la facilité du travail. Ces pratiques magiques, en éveillant le sens de la solidarité, éveillaient, d'ailleurs, du même coup, le sens de ce qu'il y a dans l'homme de plus religieux, l'élan collectif vers une vie idéale.

De telles coutumes ne sont pas inconnues en France, et sans doute, offrait-on à chaque groupe une étrenne en rapport avec les besoins de leur état. Ce chant du XVIe en fournit, ce me semble, un commencement de preuve.

Sus, sus enfants de la ville,
Si voulons pour nos esbats
Donner estrenne gentille
A toutes sortes d'estats,

Estrennons premier les orphèvres,
D'os de sèche et de bons creuzels,
Et donnons aux apotiquaires
Du papier pour faire cornets.

....
....

Les fourreurs pour leurs estrennes
Auront des peaux en jours gras
Et les drapeaux de la laine,
Pour faire tisser des draps ;
Assemblons du fer de limailles
Pour donner à ces teinturiers.
Les fondeurs auront des mitrailles,
Pour faire de beaux chandeliers.

....
....

Ceux de l'art de l'imprimerie,
Pour nos estats abbreger,
Et ceux de la librairie.
Ceux de mestier d'orloger,
Chirurgiens, barbiers davantage
Ceux qui jouent de tous instrumens,
Dieu leur doint un bon banquetage
Le jour de Carême prenant. »

Ne reverriez-vous pas avec joie, le
défilé de tous ces gens de métier, allant

donner aubade aux notables ? Ah !, je
sais, il y a bien encore les pompiers
et le garde-champêtre. C'est tout de
même un peu court. Et ces derniers
tenants de la quête ne m'en voudront
pas d'estimer qu'elle a bien perdu de
son antique magie.

CHAPITRE VI

La nouvelle année au pays des Nixes.

Le pont de Londres ou de l'Ombre ; la ronde champenoise que nous avons citée, au début de ce travail, est connue dans une grande partie de la France, mais sous d'autres titres. En Touraine, dans l'ouest ; dans l'Ile de France, dans le Calvados, en Poitou, c'est le *Pont du Nord.* Voici la version poitevine :

D'sur l' pont du Nord, un bal y est donné,
Adèl' demande à son père à y aller.

« Oh ! non, ma fille tu n'iras pas danser ! »
Adèl' mont' dans sa chambre s'est mise à tant
                                        !pleurer
Son frère arrive dans un bateau doré.
« Qu'avez ma sœur, qu'avez à tant pleurer ?
  — Oh, c'est papa qu'veut pas que j'aill'danser!
— Oh, si ma sœur, je veux vous y mener ;
Prends ta robe blanche et ta ceinture dorée ! »
Fir'nt pas deux pas et les voilà noyés.
Les cloches de Ni s'en sont mis' à sonner,
Le Père d'Adèle demande pour qui c'était :
« C'est pour Adèle, aussi son frère aîné ! »

En pays Messin, il y a quelque trente
ans, le comte de Puymaigre avait recueilli une version intitulée le *Pont des
Morts :*

Au pont des morts, nour irons voir danser,
Annette demande à sa mère à y aller

Le Pont du Nord devient le *Pont de
Nantes* dans l'Ille-et-Vilaine. C'est une
ronde dialoguée et **mimée :**

LE CHŒUR
Dessus le pont de Nantes
Le bal va se donner (bis)

LA FILLE

Ma très chère mère
M'y laiss'rez-vous aller ?

LA MERE

Non, non, ma fille.
Point au bal vous n'irez.

LE CHŒUR

Ell' monte dans sa chambre
Et se met à pleurer.

Son frère arrive
De la chasse harassé.

LE FRERE

Ma très chère sœur,
Qu'avez-vous à pleurer

LA SŒUR

Dessur le pont de Nantes
Je n'irai point danser.
Mon très cher frère,
M'y laiss'rez-vous aller ?

LE FRERE

Oui, oui, ma sœur.
Allons nous amuser.

Le frère et la sœur dansent au milieu du
rond.

LE CHŒUR

Les voilà qui partent
Et se mett' à danser.

Tous les danseurs frappent du pied de toutes leurs forces ; le frère et la sœur se laissent tomber à terre au milieu de la ronde

LE CHŒUR

Le pont s'écroule,
Et les voilà noyés.

Les danseurs font le geste de sonner les cloches en chantant :

Toutes les cloches
Se mettent à sonner.

La Mère entre dans le rond et le Chœur continue.

La mère arrive,
D'un air tout effaré

La Mère tournant autour des deux enfants étendus à terre :

Qui donc, qui donc,
Qui donc s'est noyé ?

LE CHŒUR

C'est votre fille
Et votre fils aîné.
Apprenez, jeunesse,
A fuir le danger,
Voilà le sort
Des enfants entêtés.
Dessur le pont de Nantes,
Ils n'iront plus danser.

Le début de cette ronde éveille nécessairement le souvenir d'une autre ronde infiniment populaire :

Sur le Pont d'Avignon
Tout le monde y danse
Sur le Pont d'Avignon
Tout le monde y danse en rond.

Les ponts ont toujours été des lieux
sacrés ; c'est dans leur voisinage, dans
celui de l'eau que se célébraient les
fêtes et la plupart des cérémonies publiques. La ronde d'Adèle nous reporte
à l'époque où la ronde sur le pont était
un rite obligé des fêtes saisonnières.

Les expressions *pont de Londres* et *pont de Nantes* ne sont que des déformations locales, et vaguement homophoniques de pont de l'Ombre et de pont du Nord. On serait bien tenté de rapprocher le *pont de l'ombre* champenois du *pont des morts* messin afin d'en tirer quelque indice d'origine. Mais l'expression de pont des morts n'a aucune signification d'ordre général. On appelait ainsi le pont principal du vieux Metz, vraisemblablement parce qu'il conduisait au cimetière ; c'était, d'ailleurs, le lieu des exécutions judiciaires. Il est entré dans la chanson parce que c'était également le théâtre des fêtes de la République messine.

Reste l'expression *pont du Nord*. Elle se réfère, peut-être à l'origine de notre ronde qui, nous le verrons, pourrait bien nous être venue des pays scandinaves, peut-être aussi est-elle

l'équivalent de pont de l'année. Ce serait le lieu à la fois légendaire et liturgique, où l'on assistait à la disparition
d'un temps périmé et à l'apparition
d'un temps nouveau ; à la fuite de l'hiver et à la venue du printemps. Quoi
qu'il en soit, il n'est pas douteux que
le pont du Nord se réfère à quelque
lointaine liturgie.

Après le nom de la ronde, celui de
la danseuse n'est pas sans intérêt.
L'*Aline* du pont de l'Ombre (Champagne) et l'*Adèle* du pont du Nord
(Ile-de-France et pays de l'Ouest) ne
sont que des déformations assez pro-
fondes de l'*Annette* Lorraine. Celle-ci
se retrouve, à la fois dans le Pont des
Morts et dans le Pont de Nantes, qui
lui a été substitué. Il faut d'ailleurs
rapprocher cette Annette des Marches
de France, de l'*Agnès* danoise, attirée
au fond de l'onde par un nixe. L'iden-

tité foncière du nom de l'héroïne :
Agnès-Annette, et leur même sort tragique : la disparition dans les eaux
indiquent assez leur **parenté**.

AGNETE

Agnete est debout sur le pont élevé,
L'homme des eaux sort de l'abîme, et
s'approche d'elle. — Ecoute, Agnete,
veux-tu être ma bien-aimée ?

— Oui, si tu veux m'emmener avec
toi dans ta demeure. Il lui ferme les
oreilles, il lui ferme la bouche. Il l'emmène avec lui au milieu des vagues.

Tous deux vécurent ensemble huit
années, et ils eurent sept enfants.

Un jour, Agnete était assise près du
berceau de son enfant. Elle chante et
entend le son des cloches : — Je vou-
drais bien, dit-elle à l'homme des
eaux, aller à l'église.

— Tu peux aller à l'église, pourvu

que tu reviennes près de tes enfants.
Il lui ferme les oreilles. Il lui ferme la
bouche et l'emmène sur la grève.

Agnete entre dans l'église et marche
après sa mère. — Ecoute, Agnete, où
as-tu été pendant ces huit années ? —
J'ai été au fond de la mer avec l'esprit
des eaux, et j'ai enfanté sept fils.

— Que t'a-t-il donné pour prix de
ton amour ? Que t'a-t-il donné en te
prenant pour femme ?

— Il m'a donné un collier d'or. La
reine n'en a pas un plus beau.

L'homme des eaux entre dans l'église. Les saintes images se retournent à
son approche. Ses cheveux ont la couleur de l'or ; ses regards sont joyeux.
— Ecoute. Agnète, dit-il, tes enfants
soupirent après toi.

— Laisse-les soupirer tant qu'ils voudront. Jamais je ne retournerai près
d'eux.

11

— Pense aux grands, pense aux petits, pense au plus jeune qui est dans
le berceau.

— Je ne penserai plus jamais ni aux
grands, ni aux petits, encore moins à
celui qui est dans le berceau. »

L'aventure d'Agnès avec le Nixe, ou
d'Adèle avec son frère n'est pas seulement connue en France et dans les
pays scandinaves, nous la trouvons
aussi en pleine Allemagne. L'héroïne
s'appelle, là-bas, *Hauchen* ou la belle
Hannale. Le nixe emploie une ruse
pour entrer en sa possession. Il lui
érige un pont, mais qui s'écroule au
moment où elle arrive au milieu. Le
sort tragique d'*Annette-Agnete-Han-
nale* n'est pas inconnu aux Slovènes et
aux Slaves. On trouve même dans une
de leurs variantes, une thèse morale
qui l'apparente aux chansons françaises :

« Misika veut aller au bal. Sa mère
le lui refuse ; Misika devient désobéis-
sante. Irritée. la mère maudit sa fille,
disant : que le Nixe l'enlève. Au bal,
un jeune homme étrange aborde Misika et l'engage pour la danse. Misika
consent. Le couple tournoie avec la
vitesse du vent, de sorte que Misika
est obligée de prier son compagnon de
ralentir et d'être un peu plus indul-
gent envers elle. Mais l'étranger ne
connaît point de modération, et n'a
aucune pitié de sa partenaire. Au contraire, il redouble de vitesse, de sorte
que la vue de la pauvre imprudente se
trouble, son ouïe tinte, elle n'entend
plus rien, sa respiration devient hale-
tante. Une lueur traverse son cerveau
échauffé. Misika reconnaît, avec effroi.
qu'elle se trouve entre les mains du
Nixe. Elle rassemble toutes ses forces,
et s'écrie d'une voix perçante : « Au

secours, le Nixe m'a saisie ! » Au même
moment, le Nixe l'enlève du sol, et
s'enfuit avec elle à travers la fenêtre
restée ouverte. Les flots les engloutis-
sent. »

D'Aline à Misika, en passant par
Adèle, Annette, Agnete, Hannale, c'est
toujours la même tragique aventure ;
mais quel peut bien être ce personnage ? Agnete serait, nous dit-on, la
jeune fille que l'on sacrifiait jadis à la
divinité des eaux lors de la fête du village ou de la cité. Ce n'est pas l'hypothèse la plus vraisemblable.

Annette, Agnete ou Hannale pourrait
bien désigner la petite ou la nouvelle
année, ce serait alors une personnification qui rappellerait l'*Anna perenna*
des Romains. Dans cette hypothèse, la
chute dans l'eau ne correspondrait plus
à un sacrifice, mais à une simple baignade. Comment expliquer qu'Agnete
réussit à s'arracher aux emprises de

Nixe, s'il s'agit d'une victime vouée à
la destruction ? Le frère, parfois le
fiancé, qui vient dans un bateau doré,
serait le soleil nouveau. Le bal où
Annette veut aller serait le bal du nouvel an, c'est-à-dire de sa propre fête.
La préoccupation des lieux, mer, rivière et pont n'exclut pas, au contraire,
la préoccupation du temps. En cherchant si quelque version ou quelque
indication de collecteur ne viendraient
pas justifier cette hypothèse, voici les
trois chants que j'ai trouvés. Ce ne
sont pas des variantes de notre ronde,
mais ils n'en sont pas moins fort ins-
tructifs.

A PARIS SUR PETIT PONT
(Guillaneu)

A Paris, sur petit pont
La Guillaneu nous demandons (bis)
Mon capitaine
La Guillaneu, nous demandons
Aussi l'étrenne.

Il y a trois dames sur un pont
La Guillaneu, nous demandons (bis).
     Etc.

La plus belle tombe au fond, etc.
Pour l'attraper, c'est bien profond, etc.
 Dites-moi d'où elles sont, etc.
  — *Sont toutes les trois de Nontron, etc.*
–*Petite ville, grand renom, etc.*
 Nommez-les moi par leur nom. etc.
L'une s'appelle Suzon, etc.
L'autre Marie-Madelon, etc.
La plus jeune, Jeannelon,

La Guillaneu nous demandons (bis),
    Mon capitaine,
La Guillaneu, nous demandons
    Aussi l'étrenne.

Comment ne pas reconnaître ici une
forme de notre ronde ; Annette, il est
vrai, y est remplacée par trois jeunes
filles : Suzon, Marie-Madelon, Jeanne-
ton, les trois saisons, ou les trois premiers mois de l'année, représentés
dans les autres versions, par trois tours

ou trois pas ; mais ce pont et cette chute au plus profond ne sont-ils pas les traits essentiels du Pont du Nord ?

Le *Festkalender* reproduit une ronde du nouvel an qui fournit à l'hypothèse d'un rite de baignade un argument décisif. Cette chanson commence à peu près ainsi :

La mort a quitté le village
Le nouvel an vient au village
Sainte Marguerite prend bien soin
De notre pain, du blé et du foin.

La mort, ici, figure clairement la vieille année, et Sainte-Marguerite remplace une personnification païenne du nouvel an : Hannale ou Agnete. Qu'on en juge : La chanson continue en demandant à la sainte, où elle est restée si longtemps ; elle dit qu'elle est allée à la rivière, se laver pieds et mains, pour qu'elle soit trouvée propre.

La veille du nouvel an, les enfants
russes vont de maison en maison, se-
mant sur leur passage, diverses graines
et surtout de l'avoine en chantant la
kolyadka suivante :

Dans la forêt, dans la forêt de pins,
Il y avait un pin
Vert et branchu.

O Ovsen ! ô Ovsen !

Les boyards sont venus,
Ont abattu le pin,
L'ont scié en planches,
Ont construit un pont.
L'ont couvert de toile
Y ont planté des clous

O Ovsen ! ô Ovsen !

Où donc, où donc irons-nous.
Le long de ce pont ?
Chez Ovsen nous irons
Au nouvel an

O Ovsen ! O Ovsen !

Ce pont, de nouvel an, fait d'un pin.
fraîchement coupé, conduit chez Ovsen.
c'est-à-dire dans la demeure du soleil.
Ovsen, lui-même, doit le franchir avec
sa jeune sœur ou sa fiancée, à la quête
de la troupe de quêteurs ; mais Hao-
mand ou Alfast, le Nixe, les guette, et
s'efforce de saisir la jeune année et de
l'entraîner dans sa demeure, Le mythe,
comme toujours, doit correspondre à
un rituel ; or, nous savons que tous
les grands rituels saisonniers sont, à
quelque degré, des rituels pour la
pluie. La baignade d'Agnete, de huit
ou neuf ans, dit la chanson, ne corres-
pondait guère, vraisemblablement, qu'à
huit ou neuf secondes. Au reste, le
bain pris, elle était ramenée au bord
de l'onde par les chants du soleil
(chants chrétiens de Noël, ou chants
de son fiancé). La version suivante
semble en fournir la preuve.

« Sire Wellemand et sa gracieuse fiancée jouaient aux dés ; or, voici que tout à coup, elle se met à pleurer. Il lui en demande la raison :

Est-ce que vous pleurez votre or si rouge ?
Ou pleurez-vous parce que vous êtes ma fian-
[cée ?

Est-ce que vous pleurez parce que je ne suis
[pas riche ?
Ou parce que vous pensez que je ne suis pas
votre égal ?

— Je ne pleure point mon or si rouge
Et c'est de mon plein gré que je suis votre
[fiancée

Je pleure surtout à cause de Bliche
Par où je dois passer. —

S'y sont noyées, mes deux sœurs,
Le jour de leur mariage ? (Ici encore elles sont
[trois).

Il cherche à la rassurer. Il lui fera construire un pont bien large, quelle

— 171 —

que soit la somme que cela doive lui
coûter ; et ses gens l'accompagneront,
cent de chaque côté, même pour lui
faire honneur, douze chevaliers mar-
cheront devant elle (les douze mois).
Malgré toutes cés précautions, arrivé
au milieu du pont, son coursier ferré
d'or se cabre, et la voilà précipitée
dans le torrent. Nul ne peut lui porter
secours.

Sire Wellemand, dit à son petit page :
— Va me chercher mes cinq harpes d'or !

Sire Wellemand prit sa harpe en main ;
Il va se placer près du torrent
*   Il joua si bien*
Pas un oiseau ne bougeait dans les branches,
*   Il joua si fort*
On l'entendit par tous les gaards
*   L'écorce du chêne en éclata*
Avec les cornes des bœufs.

Le Nixe, au fond des eaux, l'entendit
il fut forcé de venir.

Il monta du fond
Avec la fiancée de Sire Wellemand
A sa gauche
Et pas sa fiancée toute seule :
Il avait aussi ses sœurs si jolies.

Mieux encore que les chansons danoises, les suédoises ont su rendre l'irrésistible effet de cette musique enchanteresse sur le surnaturel ravisseur.

Et au premier accord
Qu'il tira de sa harpe d'or,
Le Nixe apparut à la surface de l'eau,
En pleurant,

Ecoute, ô jeune homme,
Ne joue pas si fort
Je vais te rendre ta fiancée,

Au troisième accord
Qui résonna de sa harpe d'or
La jeune fille lui tendit sa main blanche
Comme la neige

Ce nouvel Apollon, Ovsen, le soleil nouveau, saisit alors la main de la

nouvelle année, et la troupe, qui les
suit, continue sa marche jusqu'au
seuil de l'an par de-là le pont démoli
qui les sépare de l'an passé.

Une ballade roumaine est consacrée
au mariage du soleil et de la lune. Le
soleil, pris de l'envie de se marier,
durant neuf ans, conduit par neuf chevaux, parcourt le ciel et la terre sans
trouver une femme qui égale en beauté
sa sœur Hélène. Il lui propose de
l'épouser. Hélène refuse : « Vit-on
jamais frère et sœur mariés ensemble ? Pur de tout péché, voudrait-il
commettre un péché si énorme ? » Le
soleil n'est pas content, mais il s'en
remettra à Dieu. Il monte vers le trône
de son Père, et lui expose sa requête
et son embarras. Dieu le prend par la
main et le conduit successivement au
Paradis et en Enfer pour lui montrer
les délices qu'il perdra et les tourments

qu'il gagnera s'il enfreint les lois natu-
relles. Mais rién n'arrête l'astre amoureux, il se saisit de sa sœur, la revêt
de la couronne des flancés, et la conduit à l'église. « Mais voilà que pendant la cérémonie, les lampes s'étei-
gnent, les cloches se fêlent, le clocher
tremble sur sa base, les prêtres perdent la voix, et leurs habits se détachent de leurs épaules. Une main
invisible saisit Hélène éperdue, l'enlève
et la précipite dans la mer, où elle se
change en un beau poisson doré. Le
soleil remonte à la voûte céleste, et se
laisse choir dans les flots, vers l'Occident pour la retrouver. Mais Dieu a
résolu de la dérober à ses poursuites.
Il la lance dans l'espace et la transfor-
me en Lune. Puis il parle, et aux
accents de sa voie la terre tremble...

« Je vous condamne pour l'éternité à
vous suivre des yeux sans pouvoir

jamais vous rencontrer ni vous atteindre dans la voûte céleste. Poursuivez-vous éternellement en parcourant les cieux et en éclairant le monde. »

N'est-ce pas là une variante de notre mythe, mais dans laquelle la nouvelle année se confond avec la nouvelle lune. Le soleil nouveau du solstice d'hiver tente de célébrer ses noces avec la nouvelle lune, mais le nixe ou quelque puissance mystérieuse entraîne la fiancée dans les eaux où le soleil la suit ; ils n'en ressortent que pour se poursuivre, et leur poursuite donnera à l'année nouvelle les jours et les nuits dont elle est tissée. Le mythe christianisé, assez profondément, laisse moins bien deviner le vieux rituel dont l'exégèse avait donné le mythe d'Annette-Agnès. Toutefois, la parenté est indéniable et explique tout au moins que le héros nous est présenté tantôt comme le frère et tantôt comme le fiancé.

La ronde, *le Pont du Nord*, se réfère
donc très vraisemblablement à une
cérémonie de nouvel an, dans laquelle
on établissait un pont fait d'arbres fraîchement coupés, et fortement liés par
des branchages. C'est sur ce pont que
devait se tenir la danse de la nouvelle
année, représentée par Annette, accompagnée de son frère ou de son fiancé,
et de toute leur troupe. Ce pont, à
dessein, n'était pas construit si solide-
ment, qu'il puisse résister aux mouvements effrénés d'une ronde endiablée.
Un malin drôle, le Nixe, notez la parenté de son nom avec Nicolas et
Niclaus (le diable, en Angleterre), se
chargeait d'ailleurs de donner le coup
de pied ou le coup de main décisif.

A l'ouverture de l'année romaine
(1ᵉʳ mars), les Saliens donnaient le
spectacle d'une danse sacrée sur le
pont Sublicius, mais elle avait dû avoir

lieu jadis sur un pont moins solide.
C'était du moins le cas hors de Rome.
Une pièce de Catulle pourrait bien
avoir été adressée à Cologne (Colonia
Agrippinensis), simplement intitulée
ad Coloniam ; elle semble se référer à
une cérémonie semblable à celle que
nous venons de restituer.

« O Colonie ! tu aimes les jeux sur
ton pont où tu peux te donner le plaisir de sauter ; mais tu crains ses étais
chancelants, et tu as peur qu'il ne se
brise et ne tombe dans les eaux de ton
marais. Eh bien ! que ton pont prenne
toute solidité jusqu'à se prêter aux
danses et aux cérémonies du culte de
Mars (allusion évidente à la danse
armée des Saliens), si tu consens à me
faire la grâce d'un très divertissant
spectacle. »

Ainsi Catulle n'ignore pas que les
gens de la Colonie viennent danser

12

sur le pont au renouvellement de l'an ;
et sans doute n'ignore-t-il pas davantage qu'ils s'arrangent de façon à faire
tomber une jeune fille à l'eau. Il en
prend motif pour leur proposer de
substituer à cette Annette un vieux
bonhomme qu'il ne nomme pas ; peut-
être s'agit-il d'un personnage réel qui
l'a désobligé ; peut-être n'est-ce qu'un
être symbolique qui **va mourir**, chargé
de jours. Quoi qu'il en soit, voici sa
proposition :

« Il s'agit de précipiter, la tête la
première, un de tes habitants dans la
boue du lac, à l'endroit où l'eau est la
plus sale et la plus profonde. C'est le
plus niais de tous les hommes, il n'a
pas la raison d'un enfant de deux ans
que son père endort en le berçant.
Marié à une jeune fille, plus délicate
qu'un tendre agneau, et plus digne de
soins que le raisin déjà mûr, il la laisse

folâtrer comme il lui plait, il n'en tient
nul compte et ne bouge pas ; mais
comme un aune coupé par la hache, et
aussi insensible que s'il n'était pas,
mon imbécile ne voit rien, n'entend
rien. Sait-il seulement qui il est, s'il
existe ou non ? eh bien ! je veux le jeter
du haut de ton pont pour voir si cela
réveillera ses esprits engourdis et s'il
laissera dans la fange sa stupidité
comme une mule y laisse parfois son
sabot de fer. »

L'an qui meurt ou l'année qui s'en
va, peut-être personnifié par Catulle,
en ce vieil imbécile, n'a pas été oublié
dans notre ronde. Le père d'Adèle ou
la mère d'Annette en ont assumé le
rôle. Parents durs et moroses, ils ne
veulent pas que leur fille se rende au
bal, départ possible et probable d'un
mariage qui consacrerait leur décrépi-
tude définitive, et les rejetterait comme

des mannequins sans âme dans la
fange du fleuve d'oubli.

Il semble bien que rien ne manque
à l'interprétation de notre ronde sai-
sonnière. Nous ajouterons cependant
que la baignade, qui accompagne cette
danse du nouvel an, n'a pas partout
disparu. En Russie, le vieux rite de
pluie a été christianisé par la légende,
et transformé en cérémonie de baptême.

D'après la chronique de Nestor, lorsqu'en 988, Wladimir embrassa le christianisme et détruisit toutes les idoles
de Kiev, il fit attacher l'idole de Peroun
à la queue d'un cheval et jeter l'animal
dans ia Dnieper. Durant ce temps, tout
le peuple entra dans le fleuve, et les
prêtres dirent les prières du baptême.
Mais bien des fidèles pleurèrent l'ancien dieu, et depuis lors, le 6 janvier,
on renouvelle le baptême du Dnieper,
en mémoire, disait-on, de l'ancien bap-

tême collectif, mais plus encore peut-
être pour achever de détruire le vieux
rite pluvial. La même tradition se
retrouve à Novgorod où le rôle du bain
se complique d'un rite de flagellation
en l'honneur de Peroun et de la corde
qu'il lança sur le pont avant de disparaître dans les flots.

Lorsqu'avec mes sœurs, je chantais
autrefois les malheurs d'Adèle, je trou-
vais que le frère, bien qu'il se fasse
complice de sa désobéissance, était un
jeune homme très bien, et j'eusse été
heureux de jouer son rôle, la robe
blanche et la ceinture dorée m'enchan-
taient. Mais je ne me doutais guère que
j'ambitionnais le rôle du soleil, et je
me perdais en des rêves confus, plutôt
mélancoliques et brumeux. Gravées,
sans doute, par ces rêveries, les paroles absconses de la version, dois-je dire
bourguignonne ou morvandelle, sans

doute les deux, me sont restées dans
la mémoire. Les voici :

Su' le pont du Nord, un bal s'y est donné
Annette demande à y aller voir danser.
— Non, non, ma fille tu n'iras pas danser,
Monte dans sa chambre et se met à pleurer ?
Son frère lui demande -- qu'as-tu donc à pleu-
　　　　　　　　　　　　　　　　　[rer ?
— Maman ne veut pas que j'aille au bal dan-
　　　　　　　　　　　　　　　　　[ser !
— Mets ta robe blanche et ta ceinture dorée
Les v'la partis tous deux dans un bateau
Au premier coup Annette tomba dans l'eau
— Mon frère, mon frère, veux-tu me retirer ?
Au deuxième coup son frère tomba dans l'eau,
Au troisième coup tous deux furent noyés,
Les cloches de Rome se mirent toutes à sonner
La mère demande pour qui ces cloches de
　　　　　　　　　　　　　　　　　[Rome
C'est pour vot' fille et votre fils aîné,
Voilà ce que c'est qu' les enfants entêtés.

CHAPITRE VII

L'Aguilaneuf et les biens
de la terre.

Les quêtes et les chansons de l'*Agui-laneuf* sont déjà mentionnées par Noël du Fail et Jacques Amyot, le bon tra-ducteur. Le premier nous apprend que les quêteurs de Noël récidivaient volon-tiers au nouvel an. Ainsi ceux de Ven-delles :

« Une fois s'avisèrent après boire (comme nouvelles opinions et fantai-sies viennent aux pensées des hom-mes), *puisqu'ilz avoient beaucoup*

proufité aller chanter de Noël au bas
Champ, à Trémerel, à Telle, à Huche-
poche, et autres villages, et qu'ils
avoient amassé force Pommes, Poires,
Noix et quelques unzains (monnaie de
onze deniers) et beu de mesmes, qu'il
ne fallait pour ce se contenter, et quit-
ter la partie, *ains le premier jour de*
l'an (comme est l'ancienne coustume),
aller à Haguillenneuf poursuyvant leur
fortune... Au jour dit, bien résoluz et
délibérés d'aller à Haguillenneuf, s'équi-
pèrent bonnestement de bons bastons
de Pommier, Fourches, Vouges et
quelques vieilles espées rouillées, avec
une forte Arbaleste de passe, qui estoit
au premier front pour servir de demander : Qui est là ? qui bruit ? qui vous
meine ? tue, tue, chargeons, donnons ;
et autres semblables mots et demandes
de nuit. Mais à fin que ne soit trouvé
menteur, Baudet, le faiseur de fuseaux,

estoit devant tous avec un tabourin de
Suisses, qu'ilz avoient emprunté de
la Séguinière. Et estoit maistre Pierre
Baguette, celui qui faisoit tout le *tu
autem* ; et sonnoit du fifre ainsi qu'il
disoit, ayant sa rapière sous le bras,
en faisant du bon compagnon, disant
qu'il ne la portoit pour faire mal, mais
pour piquer les Limax. Lubin Garot
(celui que je veisse onc qui le mieux
prenoit grenoilles), portoit une grande
et large poche, pour mettre les andoil-
les et autres esmolumens de la queste ;
j'y croy qu'il portoit aussi la bourse.
Hervé le Rusé portoit la broche pour le
lard, néantmoins qu'aucuns me ayant
dit que c'estoit Colin Bridou ; c'est tout
un qui que ce fut, cela ne sert de rien.
Aussi bien enharnachés, marchèrent
longuement, bien eschauffez, chantant
une chanson que maistre Pierre leur
apprenoit comme de sa façon pour ce

que très bon estoit rimasseur, et estoit volontiers appelé à tous jeux qui se faisoient. »

Et lorsqu'ils rencontraient quelque piéton, ils l'abordaient en disant : « Ha ! Dieu te gard', or ça, compaing, donne nous Haguillenneuf. »

Une allusion de Jacques Amyot, dans le *Banquet des Sept Sages*, laisse entendre que, même avare, il était difficile de se soustraire aux obligations de l'*aguillanneuf*.

Puis c'est manger mon blé en herbe
Que d'attendre quelque habit neuf.
De Servien qui tient ce proverbe,
Ne rien donner qu'à guillanneuf.

Les chansons de l'*Aguillanneuf* sont encore en usage dans nombre de nos provinces, sous les noms de Guilloné, Guilloneu, Guillaneu, Guilloneau, Haguinane, Haguinand, Haguinelo, ou

encore d'Haguignottes, et les cortè-
ges ruraux, qui les chantent de porte
en porte, ne diffèrent pas sensiblement
de ceux du XVI° siècle.

En Cornouaille française, le chef de
la troupe entreprend, avec un des
habitants de la maison, une joyeuse
lutte en vers, qui se termine toujours
à son plus grand profit. H. de la Villemarqué a recueilli au Spezet, de la
bouche même des montagnards de
l'Arez, un de ces dialogues de la muse
rustique. Nous en donnons une interprétation française d'après O. Pradère,
où l'on saisira mieux le côté cantilène.

Au nom de la Trinité Sainte,
Dieu vous bénisse en la maison !
Répondez à notre complainte,
Si rude, hélas ! est la saison !
Après Noël germent les graines,
Voici l'an bientôt terminé,
Riches, donnez-nous des étrennes,
           Eguinané !

(De la maison)

  — Trop tôt vous heurtez à la porte ;
Le porc n'est pas encore tué.

(Du dehors)

  — Eh ! nous vous prêterons main-forte,
Notre bras est habitué,
  Nous le chasserons de son bouge
Malgré ses cris de forcené,
  Malgré ses cris de diable rouge,
          Eguinané !

(De la maison)

  — Dehors mon chien de Cornouaille
Dort : tuez-le, méchants bouchers

(Du dehors)

  — Si nous reposons sur la paille,
Nous ne sommes pas meurtriers,
Pour de vils malfaiteurs, sans doute,
Vous nous prenez : c'est un grand péché,
Nous quêtons le long de la route,
          Eguinané !

(De la maison)

  — Si vous êtes ce que vous dites
Des braves gens, des étrenneurs,
Où donc sont vos gais acolytes,
Les ménétriers, les sonneurs ?

(Du dehors)

Au milieu de la fougeraie
Le sac du biniou s'est crevé
En sautant par dessus la haie
      Eguinané !

(De la maison)

  — Je ne puis trouver mon échelle,
Toute ma viande est au grenier,

(Du dehors)

  — Bon chat sait bien se passer d'elle,
Et prend souris sans tant crier,

(De la maison)

  — A Saint-Divy la ménagère
Doit être à son marché,

(Du dehors)

  — Bien garnie est votre étagère
      Eguinané !

(De la maison)

  — Tout est là haut dans son armoire,
Elle a la clef, point ne vous ment.

(Du dehors)

  — Nous sentons veuillez nous croire
L'odeur du lard et du froment,

Mais ouvrez-nous vite, ouvrez-nous vite ;
Noire est la nuit, le vent glacé;
Réchauffez-nous dans votre gîte,
                    Eguinané !

(De la maison)
 — Etrenneurs, je vous le répète,
A vous donner je n'ai rien... rien...
Pourtant avant votre défaite
Là, parlons peu, mais parlons bien,
Avant d'entrer dans ma demeure,
Débrouillez-nous ce nœud donné...

(Du dehors)
 — Nous sommes disposés sur l'heure,
                    Eguinané !

(De la maison)
 — Dites-moi, voyons sans bévue ;
Qui porte la chair sur sa peau ?

(Du dehors)
 — Le vieux guéret, quand la charrue,
L'a retourné tout de nouveau,

(De la maison)
 — Qui dans les yeux avec des larmes
Se voit quand il a bruiné ?

(Du dehors)
 — Le grand chemin bordé de charmes
                    Eguinané !

(De la maison)

  — *Dites-moi quelle est la maîtresse*
  Qui devient la servante du jour,
  Et voit tomber avec tristesse,
  Ses fleurs, ses perles tour à tour ?

(Du dehors)

  — *Allons donnez votre aumône*
  Depuis longtemps c'est deviné :
  C'est un balai de genêt jaune.
          Eguinané !

(De la maison)

  — *Je connais un arbre qui penche*
  Vers le sol : ses grands rameaux verts
  Un petit nid sur chaque branche,
  Et d'œufs tous les nids bien couverts...

(Du dehors)

  — *Ah ! ça de nous vous voulez rire ?*
  Un chêne de glands tout chargé
  Est l'arbre que vous voulez dire.
          Eguinané :

(De la maison)

  — *Je possède couverte en chaume,*
  Et pas bien grande, une maison,
  C'est pourtant un petit royaume,
  Là-dedans du monde à foison,

Plus de mille chambres pareilles,
Pas un coin n'est abandonné....
(Du dehors)
 — *C'est la ruche de vos abeilles,*
    Eguinané !
(De la maison)
 — *Vous n'aurez ni froment, ni viande,*
Si vous n'apportez l'herbe d'or.
(Du dehors)
 — *Au temps des moissons, tous en bande,*
Nous vous porterons ce trésor.
(De la maison)
 — *Attendez ! je vais faire en sorte*
De trouver du petit salé....
Dans un instant j'ouvre la porte
(Du dehors)
    — *Eguinané !*
(De la maison)
 — *Attention, fils de sorcière,*
Attention, j'ouvre... cric-crac !...
Approchez-vous de la fermière,
Tendez-moi bien votre bissac,
Tenez, voici de saint Antoine,
Un compagnon bien saumuré :
Voici du seigle et de l'avoine.
(Du dehors)
    — *Eguinané !*

(Du dehors)

 — Nous avons reçu notre étrenne.
Nous sommes riches pour longtemps,
Que tout le pays sache, apprenne,
Qu'il est encore de bonnes gens,
Sous le faix notre cheval ploie,
Pour nous c'est un jour fortuné,
Poussons ensemble un cri de joie,
Eguinané !

 Un cri pour toute la famille,
Un cri pour le père à présent :
Un autre pour la jeune fille,
Un pour la mère, un pour l'enfant,
A vos filles, bons mariages !
A vos garçons, bonne santé !
Et pour vos bœufs gras, paturâges !
Eguinané !

 Ayez, à la moisson prochaine,
Bonne récolte de millet :
En mai la fleur, en juin la graine,
La blanche galette en juillet,
Nous allons prier les saints Anges
Pour que vous ayez de beau blé
Du sarrazin tout plein vos granges,
Eguinané !

Mais que signifie ce cri *éguinané* que
Cambry écrivait *Guinané*, et traduisait
voilà le gui. Etait-ce, en effet, une évocation de *l'herbe d'or* de la chanson ?
de ce *rameau d'or* que Virgile compare
précisément au gui du chêne ?

Pourquoi pas ? bien que les étymologistes n'aient pas manqué d'obscurcir
le problème de leurs nuées, il n'est
peut-être pas impossible de tirer quelque indication de ce mot même. La
traduction de Cambry : voilà le gui,
n'a jamais été admise par aucun celtisant, *na-né* ne signifie pas *voilà*, et le
nom du gui en breton est *huel-var*.

Dans une brochure intéressante, P.
Le Guen nous fait connaître comment
dans son enfance, il a vu célébrer
l'aguillanneuf à Landerneau : « Assez
longtemps à l'avance, les familles dési-
reuses d'y faire participer leurs garçons de huit à dix ans, demandaient

pour eux des boîtes à l'administration
de l'hôpital ; les boîtes étaient des tirelires, en fer blanc, destinées à recueil-
lir les aumônes. Le zèle des jeunes quêteurs était excité et récompensé par
une collation qu'on leur donnait à l'hôpital, le soir de la quête, avec grande
abondance de gâteaux. Le dernier sa-
medi de l'année, jour de la cérémonie,
un cortège où figuraient les autorités
municipales, en costume officiel, ainsi
que des administrateurs de l'hôpital,
et des notables en habit noir, parcourait la ville en quêtant. Des tambours
ouvraient la marche, puis venaient
deux chevaux portant des mannequins,
où l'on plaçait les dons consistant en
comestibles, tandis que la monnaie
était mise sur les plateaux d'argent des
notables ou dans les tirelires des enfants groupés à la suite du cortège. Il
s'y trouvait aussi des pauvres de l'hôpital ; à l'un d'eux était réservé un

principal rôle. Travesti, pour la circonstance, en une espèce de massier, il tenait à la main un bâton à l'extrémité duquel flottait une touffe de rubans de diverses couleurs. C'était lui qui donnait le signal de l'exclamation énigmatique quand le cortège s'arrêtait pour recevoir les présents offerts. L'un des sergents de ville, préposés au bon ordre, élevait l'objet en l'air pour le montrer au public, les tambours exécutaient un roulement et le massier, auquel la foule faisait chorus, s'écriait plusieurs fois : *Languinanné !* en agitant majesteusement son caducée. »

P. Le Guen fait dériver cette exclamation du mot *gwic, guic, gui*, depuis longtemps hors d'usage, et qui signifiait bourg, village ; et de cet autre mot du dialecte de Vannes, *nannek* ou *nannet* qui veut dire affamé, ou qui a généralement faim. Il faut remarquer que cette traduction, — *bourgade affamée*, — *quartier affamé*, s'applique aux détails de la cérémonie, dont les pauvres de l'hôpital sont le but principal. « On comprend, dit-il, que pour stimuler la générosité des donateurs, le cortège désigne leur demeure par cette périphrase touchante ; le quartier ou la maison de ceux qui ont faim (Guinannec ou Guinannet). »

Cette explication interprète un cri d'un usage universel par le dialecte de Vannes. Les quêteurs sont partout des pauvres ou des enfants, mais ils viennent de tous les quartiers. Pour tenter l'étymologie d'un semblable cri, il faut tenir compte de toutes ces variantes.

Une des interprétations les plus amusantes est l'interprétation druidique de Lacroix ; de Saint-Foix et de l'Encyclopédie méthodique imprimée en 1786.

Poulain de Saint-Foix, mort à Paris, en 1776, a publié des Essais historiques sur Paris, et J.-E. de Lacroix, marquis de Castries, a donné un Dictionnaire historique des cultes religieux, qui fut, à son tour, suivi par l'Encyclopédie méthodique, voici :

Au gui l'an neuf !, disent-ils, est le nom d'une cérémonie religieuse des Druides par laquelle ils annonçaient la nouvelle année, qui commençait chez eux, au solstice d'hiver, le 20 ou 21 décembre. Ce jour, avant le lever du soleil, les Druides, accompagnés des magistrats et du peuple qui criait : *Au gui l'an neuf.*

Mais vous aurez sans doute remarqué que ces aristocrates de lettres supposent les druides parlant français. D'autres étymologistes estiment qu'ils parlaient latin, et ce seraient les druides qui, par une légère translité-

ration, auraient tiré le cri : *au gui
l'an neuf !* de l'expression *Anguinum
ovum*, l'œuf de serpent. Si les philolo-
gues ne sont pas contents !...

Dom Le Pelletier pense que l'expression *à gui l'an neuf* a été traduite des
paroles latines *ad viscum annus novus*.
Mais, n'est-il pas beaucoup plus probable qu'on a simplement décomposé,
de façon à lui donner une signification
en français, le vieux cri d'*Haguillenneuf*, que l'on trouve dans Noël du
Fail , et qui s'apparente à l'expression
bretonne *ginanné*.

Le cri d'*Eginanné* est devenu *Hégui-
nane* ou *Hoquinane* en Normandie. On
y chante le 31 décembre :

> *Si vous veniez à la dépense
> A la dépense de chez nous,
> Vous mangeriez de bons choux
> On vous servirait du rost.*
>   Hoquinane

E. Cortet, qui cite ce couplet, esti-
me que le mot Hoquinane est une
agglutination du latin *Hoc in anne :
encore cette année*, étymologie que
l'on croirait imaginée pour faire pendant à la précédente *ad viscum annus
novus*. Ceux qui estiment que les Druides parlaient français, admettent que
Guillenneu ou *guy-en-leu* n'est que la
contraction de *Au gui l'an neuf*.

Les Celtisants, la langue employée
jadis par les Gaulois, ayant donné
naissance au breton, déclarent qu'il
faut demander l'explication de ce cri
à la langue bretonne. Duseigneur esti-
me que la véritable forme de ce cri a
dû être : *eginaned* ou *anguinaned*, qu'il
interprète par du vin et du blé ! P. Le
Guen, un autre celtisant, objecte : « La
syllabe *gi*, du cri populaire, a le son
de la première du mot français guide ;
tandis que le nom breton du vin, *gwin*

se prononce *güine* ou *gouine*, en faisant peu sentir le son de *l'o* dans ce dernier. De plus, pour demander en breton *du vin et du blé*, on dirait simplement *guin hag ed* ; ainsi les mots, ni la manière de les articuler ne s'accordent avec le sens qu'on leur attribue ». Mais, il y a mieux ; de quelle autorité choisit-on la forme *guinané* ou *éginaned* comme la forme racine ou la forme type ?

Dom Le Pelletier préfère lire notre cri *Eghin-an-eit* : le blé germe ; ce serait du breton mal prononcé. On aurait traduit ainsi le chant des jours de l'Avent, *Aperiatur terra et germinet salvatorem* ; Emile Souvestre adopte l'interprétation du docte bénédictin, mais il veut cependant que la cérémonie soit en relation avec le culte gaulois du soleil.

H. de La Villemarqué, après avoir

déclaré que l'expresion *guinané*, et par
suite *aguilanneuf*, n'a rien à voir avec
le gui, écrit : « Le mot celtique *eginan*
(pluriel : *en, e, oi, ou,* et *o,* suivant les
différents dialectes), se retrouve par
toute la France sous les formes de
guillané, guillaneu, guillouneou, guil-
loné, hoguinane, la *guillona,* etc., en
Espagne de *Aguinaldo,* et en Ecosse,
de *hogmonay.* Il se retrouve dans le
gallois *eginyn* et *eginad* ; l'irlandais
eigean, et le gael-écossais *eigin.* Sa
racine semble être *eg,* force, pousse,
germe, et ce n'est qu'avec le temps
qu'il a pris la signication de prémices
et d'étrennes. »

Cette opinion paraît de beaucoup la
plus vraisemblable. La transition de
germe à prémices et de prémices à
étrennes est facile à saisir, car en fait
guillannou ou *haguillanneuf,* aussi
bien qu'*éginad* ou *hoguignettes,* signifie étrennes. Dans la Dordogne, les

habitants des campagnes se visitent mutuellement aux premiers jours de l'an, et s'offrent le *guiliandnaud ;* les fermiers vont le porter à leurs propriétaires pour se les rendre bons et faciles. A Chartres, on nommait jadis *Aiguilabs,* les présents que l'on se faisait à cette époque : celui qui demandait, disait : Donnez-moi ma *gui l'an neuf,* et le donateur répondait : *Salut à l'an neuf.*

En Poitou, dans la Saintonge et dans l'Angoumois, la chanson de quête commence ainsi :

Messieurs et Mesdames de cette maison,
Ouvrez-nous la porte, nous vous saluerons.
Notre guillaneu *nous vous la demanderons*
Guiettez dans la nappe, guiettez tout au long,
Donnez-nous la miche et gardez l' grison.
Notre guillaneu *nous vous la demandons, etc.*

Les quêteurs limousins s'écrient devant chaque porte :

Arribas ! som arribas ! (Arrivés,

nous sommes arrivés !), et ils continuent dans leur patois, que M. d'Aigue-
perse a traduit ainsi :

La guillaneu nous faut donner
Gentil seigneur,
La guillaneu donnez-le nous
A nous compagnons.

Le chant usité au pays de Caux a été
largement christianisé ; mais le mot
aguignettes y conserve le sens d'étrennes.

Aguignette à fleur de lys
Quand j'irons en paradis
Entre Pâques et Noël
Il y fait si bon, si bel,
Y a ma sœur Madeleine
Qui en est la plus certaine :
Elle y roule sa brouette
Tout le long du Paradis
Donnez-moi mes aguignettes
En l'honneur de Jésus-Christ.
Aguignola.

Les versions du Périgord et de la

Gascogne sont étroitement apparentées
à celle du Limousin :

> *Nous somm'ai-ci tard arrivés*
> *Devant la porto d'un bourdjié,*
> *La Guilloneu nous fal donné,*
> *Vaillant Seigneur*
> *La Guilloneu donna la nous.*
> *Aux compagnons.*

Dans la chanson du Lot-et-Garonne,
très analogue aux précédentes, le mot
guilloné désigne à la fois les étrennes.
et ceux qui les demandent.

> *Les compagnons sont arrivés,*
> *A la porte d'un chevalier*
> *ou d'un baron*
> *La Guilloné*
> *Il faut donner* } *bis)*
> *Aux compagnons*

. . . .

> *Le Bon Dieu vous donne autant de blé*
> *Qu'il y en a dans la ville de Nérac (pays de*
> *[moulins)*

Le Bon Dieu vous donne autant de vin
Qu'il y en a dans la ville de Mézin (pays de
[*vignes*\

Le Bon Dieu vous donne autant d'oies
Que la chatte a de poils à la tête.

Le Bon Dieu vous donne autant de dindons
Que la vigne a de ceps.

Ah ! Mon Dieu ! la cruelle nuit !
Les guillonés *ne sont pas vêtus*

Ouvrez, ouvrez la porte, ouvrez
Les Guillonés *veulent entrer.*

> *Gentil Seigneur*
> *La Guillo né*
> *Il faut donner*
> *Aux compagnons*

(bis)

La *guillaneu* ou l'*aguilaneuf* a fini par désigner, non seulement le chant de quête et les quêteurs d'étrennes, mais la fête même des étrennes. En Basse Bretagne, cette solennité populaire s'appelle la *guidonné*. Oyez le refrain recueilli à Morlaix :

Bonjour et joie en cette maison,
A la femme, au mari tout d'abord,
Et, après cela, à la fille aînée,
                    Donné
La nuit du guidonné
                    Donna
Nous aurons quelque chose

Dans maintes communes de Vendée,
les habitants disent très sérieusement
que la *guillaneu* entre dans le monde,
montée sur un cheval blanc, et voici ce
qu'ils chantent à la porte des maisons :

La Guillaneu, elle est dans la maison ;
Nous la voyons sur la fenêtre,
Montée sur un cheval blanc
Qui n'a ni queue ni tête,
Ses quatre pattes sont ferrées à neuf ;
Donnez-nous la, la Guillaneuf.

On ferait un gros recueil de tous les
chants de l'Aguilaneuf et des cérémonies de ce jour sacré. Ce n'est pas ici
le lieu de faire cette collecte ; mais

comment négliger d'attirer l'attention
sur le but essentiel de cette fête.

Chez les Romains, on offrait tout
d'abord comme étrennes de jeunes rameaux coupés à des arbres consacrés
verbenae. Ce pouvait être du myrte, de
l'olivier, du laurier, du romarin, peut-
être du basilic. Voici du moins une
colinde de tsiganes roumains qui se
réfère à un très vieil usage :

Feuille verte du basilic
Puisse le feu anéantir mon (mauvais) sort
Car il m'a fait tsigan,
Pour vivre toujours sous le marteau,
Si j'étais Roumain
Je vivrais libre sans endurer de coups ;
Je n'aurais plus de mauvais maîtres
Seigneur, que le bon Dieu vous accorde beau-
　　　　　　　　　[coup d'années
Mais moins de tsigans !
Qu'il vous donne beaucoup d'argent
Mais pas de tsigan !

Dans certaines parties de la Roumanie, chaque visiteur porte à la main

une branche d'arbre garnie de fleurs
artificielles ; quand il entre dans la
maison, il touche de cette branche la
personne qu'il veut honorer et lui dit :
« Puissiez-vous commencer le nouvel
an avec prospérité ! Puissiez-vous être
toujours unis jeunes et vieux, et fleurir comme les pommiers, comme les
poiriers, comme l'automne fertile. »
En certains lieux, ce sont de vraies
branches fleuries de pommier, de poi-
rier ou de cerisier. Au matin du 30
novembre (la Saint-André), les mères
de famille vont au jardin couper quelques branchettes qui, trempées dans
un vase, et tenues à une chaleur modé-
rée, bourgeonnent peu à peu et fleu-
rissent vers la fin de l'année. Feuilles
et fleurs servent à enguirlander la
sorcova, la baguette des souhaits.

Dans le sud de la France, à Narbonne,
en particulier, aux vêpres du jour de

Noël ou du jour suivant, la plus nota-
ble personne était chargée d'entonner
l'antienne de *fructu*. « Le choriste ou
chapier lui présentait une *branche
d'oranger garnie de son fruit*, ou à
défaut une branche de laurier à laquelle était attachée une orange ; et
lorsque le paroissien avait entonné son
de fructu, il allait directement au
grand autel, sur la table duquel il
déposait la branche d'oranger ou de
laurier. Par cette honorable cérémonie,
il était engagé à donner à souper au
clergé de la paroisse et le donnait, en
effet. »

Dans le nord de la France, et dans
les contrées, où l'année commence en
plein hiver, on pouvait aussi provoquer
des floraisons hâtives afin de pouvoir
processionner des rameaux verdoyants
dans les quêtes. Peut-être l'a-t-on fait ;
mais n'était-il pas plus simple de

cueillir des essences toujours vertes, et
mieux encore, des plantes comme le
houx et comme le gui qui portaient
fruit à cette époque ?

La coutume a certainement dû exis-
ter en Gaule. Il en restait encore des
traces dans la première moitié du XIXe
siècle : A Château-Landon, et dans les
villages environnants, au début de l'an,
les enfants cueillent une baguette de
coudrier ou de saule ; ils en détachent
l'écorce à moitié et la recroquevillent
légèrement de manière à simuler un
feuillage ; ils vont ensuite de porte en
porte faire hommage de ce simili rameau verdoyant qu'ils nomment *guila-
née*, et chantent en chœur une vieille
chanson portant le même nom. L'em-
ploi du gui a-t-il succédé à celui du
saule ou de quelque autre essence, ou
remonte-t-il lui même fort loin dans le
passé ? Au XVIIe siècle, un synode
d'Angers (1666) interdit la cérémonie

« que l'on appelle vulgairement *guilan-leu* ou *gui l'an neuf* ou *bachelettes* parce que durant cette quête il se faisait des réjouissances ou plutôt des débauches avec des danses, des chansons dissolues, et des licences qui sont d'autant plus criminelles, qu'il semble aux simples que l'intérêt de l'église les ait autorisées comme une louable coutume ». Le dit synode ne fait d'ailleurs que renouveler les défenses faites en 1595 par une autre conférence du même diocèse : « Par une certaine coutume, de longtemps observée, en quelques endroits de notre diocèse, disent les membres du synode, et principalement dans les paroisses qui sont sous les doyennés de Craon et de Condé, le jour de la fête de la Circoncision de Notre Seigneur, qui est le premier jour de l'an, et autres suivants, les jeunes gens de ces paroisses de l'un et de

l'autre sexe, vont par les églises et
maisons faire certaines quêtes, qu'ils
appellent *aguilanneuf*, les deniers de
laquelle ils promettent d'employer en
un cierge en l'honneur de Notre-Dame
ou du patron de leur paroisse. Toutefois, nous sommes avertis que, sous
ombre de quelque peu de bien, il s'y
commet beaucoup de scandales ; car,
outre que desdits deniers et autres choses provenants de ladite quête, ils n'en
emploient pas la dixième partie à
l'honneur de l'église, mais consument
quasi tout en banquets, ivrogneries et
autres débauches ; l'un d'entre eux,
qu'ils appellent leur *follet*, sous ce
nom prend la liberté, et ceux qui l'accompagnent aussi, de faire et dire, en
l'église et autres lieux, des choses qui
ne peuvent être honnêtement proférées.
écrites ni écoutées, même jusqu'à s'a-
dresser souvent avec une insolence

grande au prêtre qui est à l'autel, et contrefaire, par diverses singeries, les saintes cérémonies de la messe et autres, observées en l'église ; et, sous couleur du dit *aguilanneuf*, prennent et dérobent ès maisons où ils entrent tout ce que bon leur semble, et ne peut-on les empêcher pour ce qu'ils portent bâtons et armes offensives. »

Ces bâtons ont-ils succédé à l'usage de porter des rameaux fleuris ? Cela n'est pas impossible, le mauvais instinct aidant. Le fameux vers, faussement attribué à Ovide, et qui pourrait bien être, comme dit M. Gaidez, l'invention de quelque celtomane de la Renaissance :

Ad viscum Druidae, Druidae cantare solebant,

semble prouver que dès cette époque, on considérait *l'aguilanneuf* comme une cérémonie dans laquelle le gui jouait un rôle.

Il est d'ailleurs fort possible que les

Gallo-Romains aient déjà eu l'idée de se servir du gui comme de rameau cérémoniel. Virgile ne compare-t-il pas déjà le *rameau d'or* au gui de chêne, Il nous peint Enée sur le point de l'atteindre :

« Son or brillait en reflets étince-lants à travers une sombre verdure. Ainsi, durant les brumes glaciales de l'hiver, on voit dans les forêts le *gui étaler sa feuille verdoyante* sur le chêne qui n'en a pas porté les semences, et entourer le tronc lisse de l'arbre *de ses baies de safran.* Tel paraissait sous un chêne touffu le rameau d'or. »

Sans vouloir tirer des textes plus qu'ils ne peuvent donner, on peut bien remarquer que les druides, pour qui le gui était une sorte de plante magique, le cueillaient soit au début d'un mois, soit au commencement d'une année ou d'un siècle. La coutume des étren-nes romaines, l'offrande d'un rameau

vert au début de l'année, a donc bien
pu être influencée sur le sol gaulois
par la cérémonie druidique. On a eu
tort de retrouver le nom de gui dans
les expressions . guinanné et aguilanneuf, mais je n'oserais jeter la pierre
à celui qui affirmerait que la pratique
de porter le gui au nouvel an. remonte
jusqu'au temps où la France n'était
encore que la Gaule.

Les cérémonies de la Guillané
avaient incontestablement pour but,
la date à laquelle elles s'accomplis-
saient, suffirait presque à le prouver,
de promouvoir l'abondance, et tout
particulièrement, celle des fruits de la
terre. « En Picardie, à la fin du XVIIIe
siècle, on faisait encore entendre le cri
Au gui l'an neuf ! auquel on ajoutait
celui de *Plantez ! Plantez !* pour souhai-
ter une année abondante et fertile. »

Dans les pays vignobles, bien que la

fête de Saint-Vincent ne tombe que le
22 janvier, on chante une guillonné en
l'honneur de Saint-Vincent. Toute la
cérémonie vise l'abondance du vin.
L'Aguilaneuf des vignerons de Châ-
teauneuf-sur-Loire, ne comporte pas
moins de treize couplets. Nous n'en
citerons que quelques-uns :

Voici la Saint-Vincent qui vient,
Donnez-nous joyeusement
Voici la Saint-Viencent qui vient,
Par la Sangoine !
Donnez-nous joyeusement
Le guilanné

Nous en irons décharnelant
Donnez-nous joyeusement
Nous en irons décharnelant
Par la Sangoine !
Donnez-nous joyeusement
Le guilanné

. . . .

Nous bouterons la sarpe au vent,
Donnez-nous joyeusement

Nous bouterons la sarpe au vent,
Par la Sangoine !
Donnez-nous joyeusement
Le guilanné

De là nous irons piquant
Donnez-nous joyeusement
De là nous irons piquant
Par la Sangoine !
Donnez-nous joyeusement
Le guilanné

Les autres couplets continuent d'énu-
mérer les diverses opérations nécessaires à la culture de la vigne.

De là nous en irons marrant

. . . .

La belle tige accolant

. . . .

De là nous en irons binant

Un couplet inattendu en l'honneur
de la moisson témoigne que le chant
devait contribuer à l'abondance de
toutes les récoltes.

Voici la bell' moisson qui vient
Donnez-nous joyeusement, etc.

Mais ce n'est là qu'une rapide évocation, le chant revient à la vigne.

Voici la bell' vendange qui vient,
Donnez-nous joyeusement ; etc.
. . . .

Nous ferons du bon vin rouge et blanc
Donnez-nous joyeusement ; etc.

Et la chanson se termine ainsi :

Meshui que j'avons bien chanté
De nos maux prenez pitié ;
Mon camarade a fret aux pieds
Et moi je tremble
Donnez-nous avec gaieté
Le guilanné.

Ce chant de quête est étroitement apparenté à une chanson populaire bien connue qui dérive certainement

de quelque ancien chant du nouvel an
ou de la Saint-Vincent :

LA VIGNE

Plantons la vigne
Le voilà
Ce joli vin de vigne,
Vigni, Vignons
Vignons le vin,
Le voilà
Ce joli vin de vigne,
En vin
Le voilà
Ce joli vin de vigne,

De plante en pousse
Le voilà
Ce joli vin de pousse
Poussi, poussons
Poussons le vin
Le voilà
Ce joli vin de pousse
En vin
Le voilà
Ce joli vin de pousse

Suivait toute la série des étapes de
la croissance de la vigne et des transfor-
mations du raisin et du vin. Voici,
d'aileurs, les premiers vers de chaque
couplet.

De pousse en fleur
De fleur en graine
De graine en vert,
De vert en mûre
De mûre en coupe,
De coupe en cuve
De tonne en verre
De verre en bouche,
De bouche en pisse,

Et enfin le dernier couplet :

De pisse en terre
Le voilà
Ce joli vin de terre
Pissi, pissons,
Pissons le vin
Le voilà
Ce joli vin de terre
En vin
Le voilà
Ce joli vin de terre.

L'abondance des récoltes, et d'une façon générale, la fécondité de l'année dépend des rites que l'on accomplit en ces premiers jours et ce premier mois de l'année. Mais il est bon toutefois de s'assurer du bon état des instruments qui devront fournir le travail indispensable. Le lundi perdu, qui tombe aux environs du 2 janvier, est connu, en Angleterre, sous le nom de lundi de charrue parce qu'en ce jour, d'après un statut d'Alfred le Grand, on devait *inspecter les charrues*. Mais le mot de charrue était pris dans un sens figuré, et l'on entendait l'instrument qui permet de labourer la terre à choux. Les inspecteurs prétendaient avec assez d'impertinence s'enquérir du labour conjugal, et examiner la charrue qu'on y emploie. Dans plusieurs localités des Iles Britanniques, en ce joyeux lundi, les hommes s'habillaient en femmes et les femmes en hommes, et dansaient ainsi costumés, des rondes grotesques Hommes et femmes, armés de sabres de bois, traînaient une charrue de maison en maison réclamant le droit *de charrue*. Si on le leur refusait, la troupe labourait le sol devant la porte de la maison. Cette sorte de quête est, de toute évidence, apparentée à cette quête de l'aguillanneuf que réprouvèrent si énergiquement les deux synodes d'Angers de 1595 et de 1666.

Les sept jours primitifs des saturnales romaines avaient fini par s'étendre du 17 décembre aux derniers jours de janvier, et comportaient plusieurs journées consacrées à des supplications pour les biens de la terre : les Opalies au 19 décembre, et les Sémentines dans le courant de janvier. Voici les souhaits que l'on formulait en cette dernière férie. « O puissantes déesses

dont les efforts réunis ont chassé l'antique barbarie.., veillez à ce que la tendre
semence ne cesse de croître, à ce que
l'herbe ne soit pas surprise par le froid
mortel des neiges. Lorsque nous se-
mons, ouvrez le ciel aux vents qui le
purifient ; lorsque la semence est
déposée dans les sillons, arrosez-là
d'une pluie bienfaisante. Protégez les
champs couverts de vos trésors..., que
la moisson croisse respectée..., que les
champs rendent avec usure le froment,
l'orge et la farine, qui doit subir deux
fois l'épreuve du feu. Tels sont mes
souhaits, tels sont les vôtres, ô laboureurs.

Les incantations des chants de quête
de la veille de Noël à la Saint-Vincent
(23 décembre-21 janvier) visent aux
mêmes fins que ces supplications. Nos
cérémonies populaires, comme sans
doute, les cérémonies populaires romaines, ajoutent même la mimique

aux paroles afin que l'action des gestes en renforce l'influence magique. Tel est le cas des chants sur la vigne, et de cette autre ronde bressanne, connue sous le nom de *Pauvre Liaudaine*. Les danseurs font tour à tour les gestes du faneur, du moissonneur et du vendangeur, assurant ainsi le foin, le blé et le raisin.

I

Amusons-nous bien, pauvre Liaudaine ;
Quand ferai beau temps nous travaillerons,
Chassons loin de nous les maux et la peine :
Et dansons en rond, filles et garçons.

Youp ! la la (bis)
Youp ! la la laine .
Youp ! la la (bis)
Youp ! la la la la.

II

Amusons-nous pauvre Liaudaine ;
Le printemps viendra pour la fenaison,
Tout le long de l'hiver, t'as filé d' la laine
Pour les p'tiots marmots de notre maison.

Youp ! la la, etc., etc.

15

III

Amusons-nous bien, pauvre Liaudaine ;
Quand l'été viendra, nous moissonnerons,
Aujourd'hui dansons à perdre l'haleine
Nous travaillerons au temps des moissons
     Youp ! la, la, etc. etc ,

IV

Amusons-nous bien, pauvre Liaudaine ;
L'automne viendra nous vendangerons.
Partons pour la danse dessus la plaine ;
Nous boirons du vin chez les vignerons
     Youp ! la, la, etc. etc.

V

Amusons-nous bien, pauvre Liaudaine ;
Quand fera beau temps nous travaillerons ;
Chassons bien loin de nous la peine
Et dansons en rond, filles et garçons
     Youp ! la. la, etc., etc.

Comment ne pas aimer tous ces
chants simples et naïfs, toutes ces rondes dont la magie bienfaisante appor-
tait la joie et la gaieté, et par suite la

force et l'énergie qui sont les sources de l'activité et de l'abondance. Depuis que les chansons se taisent, et que les rondes s'arrêtent de tourner, les campagnes se transforment en déserts. Comment ne pas le regretter. Mais qui restaurera les randonnées et les quêtes, les rondes et les chants de guillanné ? Où sont les vrais politiques, où sont les bons compagnons !

Imprimerie du « Livre Mensuel »
Jahandiez Frères — Carqueiranne (Var)

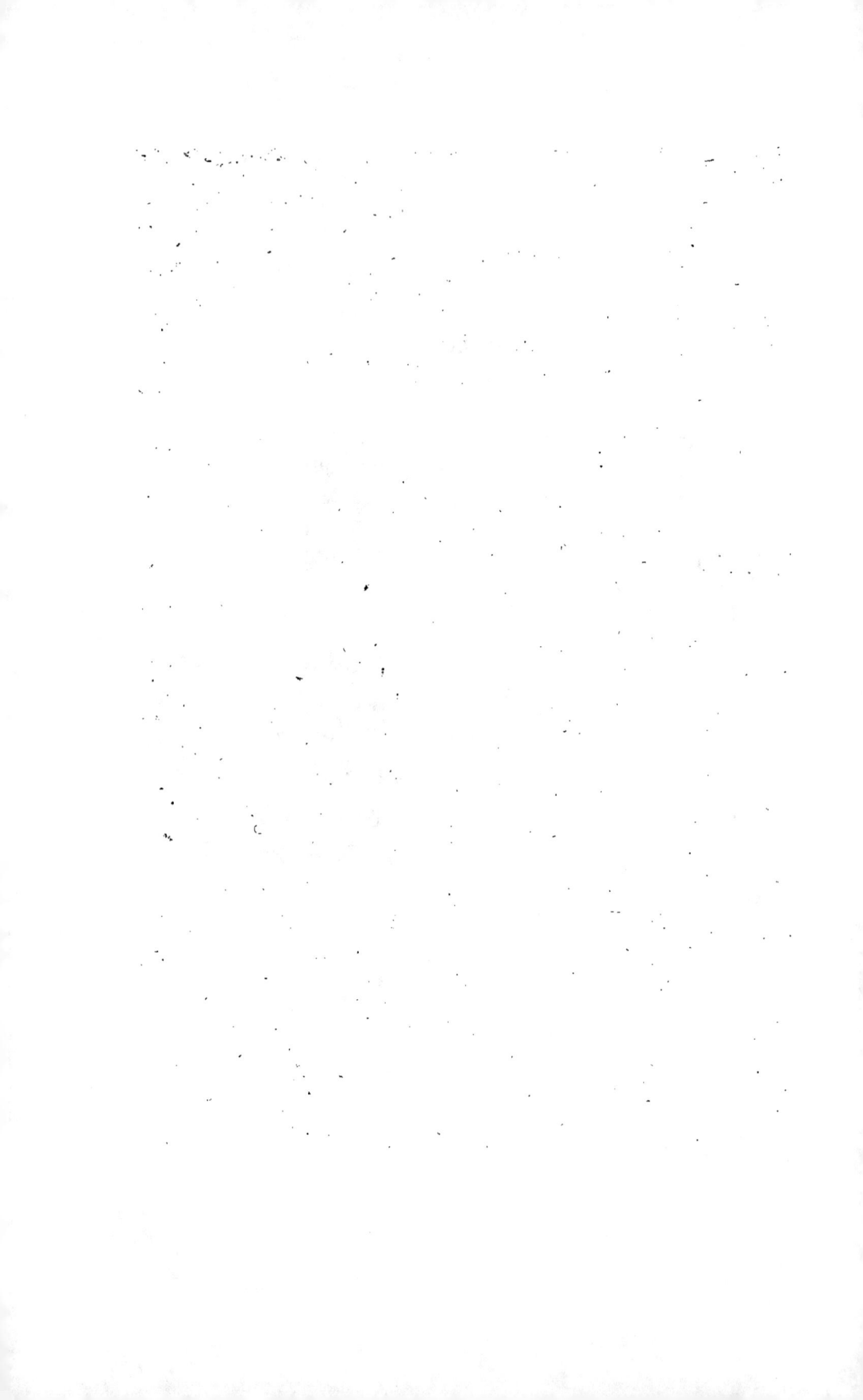

COLLECTION

DU

LIVRE MENSUEL

><del>•</del> ><del>•</del><

A Paraître :

EMILE JAHANDIEZ

LES ILES D'HYÈRES
— *Monographie des Iles d'Or* —

—o—

AUTEUR INCONNU

ARLEQUIN FRANC-MAÇON
Comédie inédite jouée chez Nicolet au 18ᵉ siècle
suivie d'une étude sur
Les FRANCS-MAÇONS AU THEATRE

—o—

LOUIS GASTIN

LES
MONUMENTS SYMBOLIQUES
DE
L'ANCIENNE EGYPTE
— *Préface de M. Oswald Wirth* —

—o—

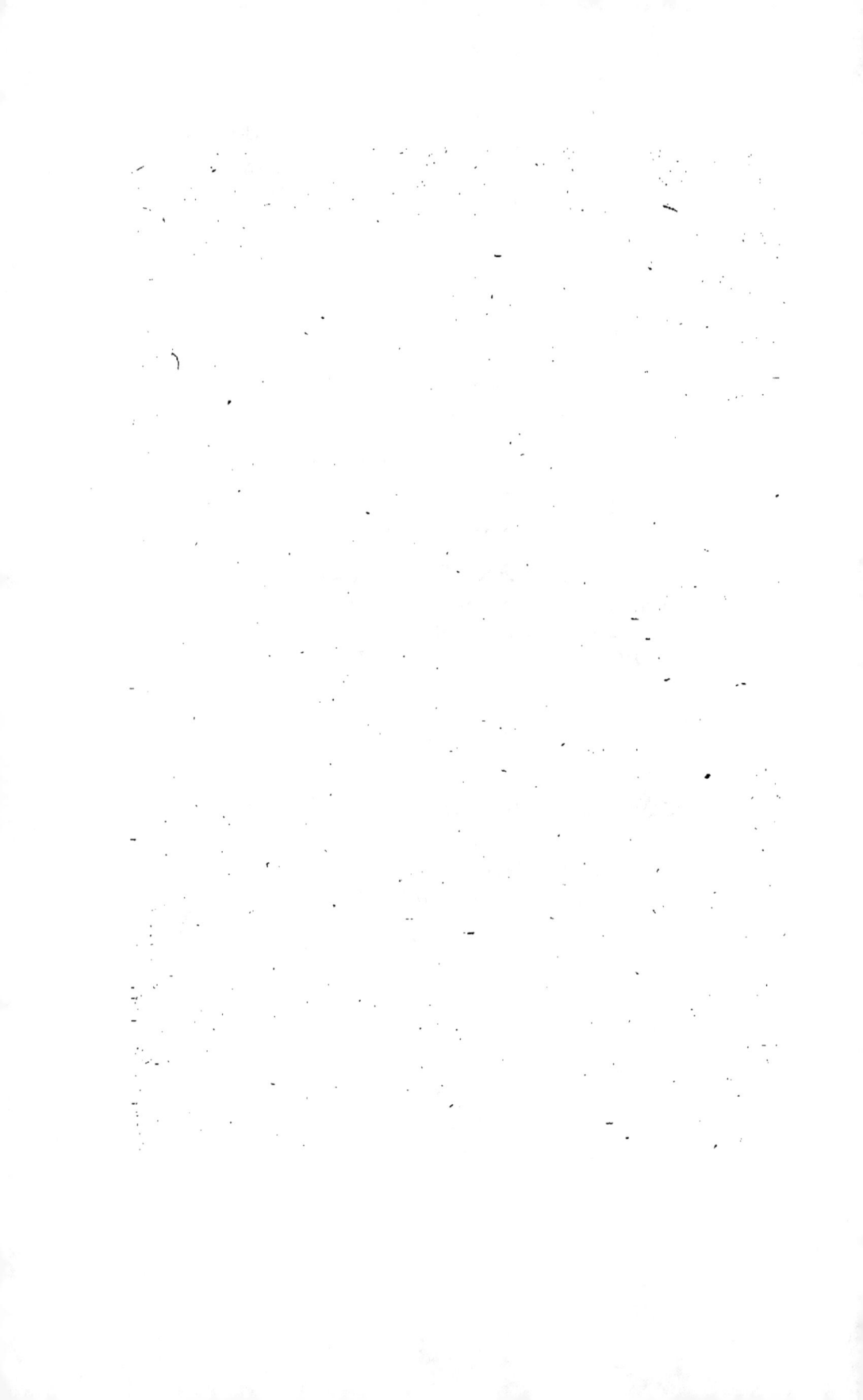

LE LIVRE MENSUEL

Il paraîtra chaque année sous ce titre une série de dix
volumes, dont la diversité d'inspiration embrassera toutes
les branches du savoir (philosophie — théâtre — roman —
sociologie — archéologie — religion — franc-maçonnerie
— critique — art — poésie — curiosités — voyages, etc.).
et dont la tenue littéraire sera parfaite.

Le prix marqué de chaque volume sera proportionné à
son importance ; il ne sera jamais inférieur à cinq francs.

Mais il sera créé des abonnements extrêmement avan-
tageux pour la série des dix volumes, aux prix suivants :

Abonnement ordinaire	France et Colonies : *Trente francs.* Etranger. . . .: *Quarante francs.*
Abonnement sur hollande	*Quatre-vingt francs* pour tous pays.

En outre du bénéfice qu'il retire en ne payant que
trente francs une série de volumes qui seront vendus *au
minimum* 50 francs en librairie, l'abonné a droit toujours
à un exemplaire de l'édition originale. C'est un point qui
a son importance, car en raison de l'excellence des auteurs

et du soin apporté à sa publication, la collection du LIVRE MENSUEL sera vite recherchée des amateurs.

Quelle que soit la date à laquelle est pris l'abonnement, il n'est valable que pour la série de l'année en cours (de septembre à août de l'an suivant).

Les exemplaires sur hollande ne sont pas vendus séparément, étant réservés aux abonnés auxquels l'envoi en sera fait sous carton recommandé. Ils seront toujours numérotés et signés par l'auteur. Chaque souscripteur aura son numéro particulier.

Adresse du LIVRE MENSUEL :

DIRECTION : 24, Rue de Navarin (9e), Paris.

LIBRAIRIE : 59, Boulevard des Batignolles (8e)

La Librairie est ouverte tous les jours de 3 à 7 heures.

La Direction reçoit le jeudi de 3 à 7 heures.

N. B.— *Les manuscrits à nous adressés seront toujours lus avec attention. Les auteurs devront venir les rechercher exactement un mois après les avoir déposés. La réponse de la direction y sera jointe.*

Le Gérant : ALBERT LANTOINE

www.ingramcontent.com/pod-product-compliance
Lightning Source LLC
Chambersburg PA
CBHW061014280326
41935CB00009B/957